日本文化史

日 本 文 化 史

[日]家永三郎
著

赵仲明
译

译林出版社

初版序

战后，与日本史相关的出版物令人目不暇接，概述日本文化史的通俗读物却几难寻觅。我自忖哪怕有一本概论性著作，有别于过去站在文化主义史观立场上所写的日本文化史，也是聊胜于无，便欣然接受了“岩波新书”编辑部的热忱相邀，执笔本书的写作。

社会上已经出现了大量以具体文化领域为对象、堪称特殊文化史类的优秀读物，如日本文学史、日本美术史等，然而概览日本文化总体发展状况的文化通史，至少在战后并不多见。而且，在人们对日本文化兴趣持续高涨的今天，没有一本能纵观日本文化发展的通史性读物岂非不便，于是“岩波新书”中策划了一部日本文化史的著作，这便是笔者被委以重任的原委。

本书主要按照笔者平素的思考，大胆描绘日本文化发展的基本脉络，因此避开了对具体问题的深入探讨。即便有些问题非常重要，但对于笔者而言不是很熟悉的知识点，也都加以了省略，所以本书并不是网罗式的概述。我觉得用“岩波新书”一本书的小容量来概述日本文化史也不失为一种可行的方法，对于那些需要详尽知识的人，与各时代、各领域相关的专业书籍应该不在少数。按照通常的做法，本书理应写到二十世纪五十年代的现代，但我的写作止于江户时代之前，对于明治以后，仅粗略地涉及了一些问题点，具体探讨则留待其他机会，这同样也是出于篇幅的考虑。

尽管有了上述的写作方针，但书中还是在各处运用了专业学者的研究成果，恕我无法一一列出，在此谨向各位学者表示诚挚的谢意。

接受“岩波新书”编辑部执笔日本文化史的委托已经是数年前的事了。我深知以一己之力全面论述日本文化史可谓狂妄，以致很长一段时间都难以付诸行动，乃至拖延至今。尽管最终我毅然开始了这一“狂妄之举”，也一定在多处留有可供批评之余地，今后一有机会我便会提笔修改，一点一滴加以完善，敬请各位读者不吝赐正。

家永三郎

1959 年 8 月 20 日

再版序

本书自第一版付梓，历经二十二载岁月，蒙广大读者长期厚爱，屡次再版仍需求不断，于作者而言荣莫大焉。然而，随学界之不断进步，以及作者自身学习上的些许深入，痛感需在今天对众多内容加以修订。

我对日本文化史的基本看法并无改变，但伴随新史料、新史实的发现以及新评价、新观点的提出，需对之进行充实和修正，并且我还想更换一些更为适切的插图。基于上述多方面的考虑，本次大幅修订后改版面市。

除上述情况，修订的部分还有“结语——日本的近代化与西方文化的摄取”。该章是对日本近代文化史的概述，与前面的叙述相比过于简略，并非不可或缺，同时，我深感本书止于近代以前反而更成体系，因此本次再版予以删除。

笔者人生，已近暮年，如此全方位修订，应该是最后一次机会了。我将不遗余力在每次的加印中更正局部之讹误，同时恳请各位读者一如对待老版给予新版批评和指正。

家永三郎

1981 年 9 月

目录

导　言

日本文化史的课题

文化史一词，用于多重含义。如果认为历史就是记录人类活动意义上的文化发展，那么日本文化史与日本的历史具有相同含义。此时，文化史显示的是历史的视角，并不指历史中的某个领域。无论政治还是经济，只要是人类的活动，那么它们都会作为文化史的内容被涵盖其中。

除此之外，对于文化史的定义还存在多种观点，归根结底，它们的分歧似乎都基于对“文化”的不同定义。如果最广义地使用“文化”一词，区别于“自然”的一切的人类活动则都是文化，因此，前面提到的历史即文化史的观点也应该是成立的吧。但是，文化还存在专指学术、艺术、宗教以及思想和道德领域等并非十分广义的用法，我们提到文化时，一般来说不外乎就是指这一狭义的定义。作为本书主题的日本文化史，便是试图按照这一狭义的文化定义来阐明日本文化的历史。

事实上，概述日本文化史的全貌是一项异常艰巨的任务。用两个字来概括的“文化”中，存在着极多种类的领域，各个领域中，专家们从事着非常细致入微的研究，想要了解所有的研究成果几乎是不可能的。而且，尽管某些部分的研究已经深入到了十分具体的程度，但由于缺少综合性、宏观性研究，让概述变得更加困难。如果请各领域的专业人士分头写作的话，也许能将某个部分叙述得十分准确，但是即便这样写出了日本文化史辞典类的读物，也无法成为概览日本文化发展史的著作。

在日本文化通史的写作上，首先就有这样一个实际问题横亘眼前。

不仅如此，理论上还存在着疑问：对文化史这一既已完结的历史的阐释方法究竟是否成立。狭义的文化，属于所谓历史上层建筑的领域。如果以下面这一理解为前提的话，即人类社会的生产力发展以及生产关系的展开是基础，在其之上得以成立的是学术、艺术和宗教，那么是否能撇开这一基础的历史而仅仅概述文化史，这可能也是个问题吧。不过，即便站在这一立场来看，哪怕上层建筑的世界在根本上是由这一基础支撑起来的，但由于无法否认文化在一定的范围内有其发展的自主性，因此并非不能在这一认识前提下以文化为主线来叙述历史。详细考察文化的历史，反过来也能期待它在研究基础的历史中发挥作用。但是，文化中拥有各种领域，如学术、宗教、艺术，进而，它们中还有微观的特殊门类，如艺术中包含文学艺术、造型美术和音乐，其中的造型美术又包含绘画、雕刻以及工艺美术（进而工艺美术中还有金属工艺、木工工艺、纺织品工艺、刺绣工艺等分支）等分类，它们中的每一项都在一定的范畴中自主发展，因此，不得不说宏观描述整个日本文化的历史，原则上是十分困难的。

虽然实践上、理论上都存在着上述的重重困难，但不能无视读者想要宏观了解日本文化历史的需求。面对文化史研究的各个领域都在不断深入发展的现状，无论怎么等待，显然都无法等到能综合把握日本文化史的那一天。即便在部分内容上无法期许达到专家那样的准确性，但是，把握大局，应该说这一点本身还另有其必要性。如果拓宽了着眼于大局的宏观视野，未必不能在各领域的专业研究中拓宽新的课题和视野。本书除了满足大众的需求，发挥引领入门的作用外，对文化史的概述还有上述的作用。

文化史如果是学术、宗教、艺术的历史的话，那么，首先必须具体阐明日本人过去在日本文化史上创造了拥有什么内容的学术、宗教和艺术，这应该是日本文化史的中心任务吧。为此，必须考虑以下几点。

文化，是人类即社会或者构成社会的个人所创造和用来享受的东西，因此，文化包括三个方面：创造功能、被创造的内容和享受功能。三者紧密联系，又在一定程度上各自相对独立。为此，我们需要以三者的相互关系为中心来追溯文化发展的轨迹。

所谓创造文化的功能，指的是因怎样的社会或个人需求，由怎样的社会或个人的活动，通过怎样的素材、方法来创造文化的。被创造的内容，指的是所创造的文化，具有怎样的特征、结构和作用。享受指的是，被创造出来的文化，被什么样的社会或个人所接受、发挥怎样的作用，进而为创造后来的文化作出了怎样的贡献。

在考虑上述几点的基础上考察文化发展时，重要的是要留意以下几个实际问题。

我们不能将文化仅视为既成的文化财富，还必须将它放在创造、享受文化的社会以及个人的关系中进行考察。而且，这里所说的个人，是社会中的个人，因此必须从文化与文化创造者的关系入手来加以考察。如此一来，我们便能从文化在它所发展的历史过程中来进行把握。当我们也从这一角度研究文化内容的特征、构造时，无疑就能更加清楚地了解它们是如何产生的，换言之，就是通过将其视作各个时代的产物来考察，从而加深对文化的理解。

但是，文化不限于在它被创造出来的时代中为人们所享受。被人类创造出来的文化财富，越是伟大，就越拥有超越时代的长久生命力，能为久远后世的人们所享受，而且它的生命力将来也一直能持续下去，这样的事例不在少数。所以，在将文化与创造它的时代联系起来考察时，必须将它所具有的超越时代的生命力、作用放在一起加以考察，这一点非常重要。

文化，尽管诞生它的时代——追根溯源的话，则能追溯到构成当时社会基础的生产力以及生产关系上——是其基石，但因它也能超越时代而独自发展，即便社会主体发生变化，前一个时代的文化却是后一个时代文化诞生的重要前提，在此，文化本身形成了独自发展的历史形态。民族文化传统之所以得以成立，即有赖于上述事实的存在。文化，在拥有各自时代特色的同时又拥有民族特色，也是基于这一点，对于日本文化史而言，阐明贯穿于日本文化中的传统及其特色，恐怕是十分重要的工作。

只是，文化不仅在其社会的内部独立发展，它有时还学习外族及外国文化，有时反过来影响其他民族以及其他国家的文化，换言之，它在世界史意义上的国际文化的传播和交流中向前发展。当然，传播和交流要产生效果，必须满足所需的历史条件，无视该文化的社会主体性，仅以水往低处流的物理感觉来认识文化的流动性则是错误的。总之，与异国文化的交流是文化发展的重要条件这一点，只要思考一下阻止文化交流，即文化锁国政策会带来怎样的结果，便能一清二楚吧。

综上所述，在思考以下问题——（1）文化财富的内容和特色;（2）文化的社会主体;（3）文化传统的形成;（4）与海外文化的交流——的同时，在历史的联系中考察日本文化的发展，乃是日本文化史的课题。

那么，我们为什么试图阐明日本文化史？下面有必要反思一下希望阐明日本文化史的我们的主体性立场。

不限于文化史，所有对历史的探究都是为了探明人类社会的发展道路和方向，并摸索走向未来的正确途径。日本文化史，无疑也是基于下面的这一主体心理而产生的希求，即探究过去日本文化发展的脉络，从而获得用以创造未来更好的日本文化的知识。如果缺乏面对未来的积极态度，日本文化史恐怕也会对日本社会产生负面影响。

日本文化的传统，如果是有价值的，那么它一定能为人类文化的发展作出贡献，或者说必须使它作出贡献。为此，我们日本人切忌用轻率的态度来对待日本的文化传统。

战败前的日本，以“国体的精华”“日本精神”等美名来称颂这个国家与文化的特殊性，并高喊日本是“至高无上”的。但是，那只是出于政治动机而没有实质根据的、自我陶醉的优越感，非但对日本文化的创造性发展没有任何益处，相反甚至起了绊脚石的作用。站在“国体”主义、“日本精神”立场上的日本文化崇尚论者，屡屡将只是特定发展阶段的历史性产物，强调为宛如贯穿日本古今历史传统般的东西，拼命鼓吹它拥有永久的生命力，从而有意图地阻碍伴随社会发展的新文化创造，这些事例并不少见。他们尤其为了拥护自己所属的统治体制，对于过去的文化传统，往往只给予体制一方的文化以好评，而对于反映反体制动向的文化则持否定的态度，或极力加以遮蔽，因此，他们所宣扬的日本的文化传统是极度扭曲的。尽管他们嘴上号称尊重传统，却反而让日本文化的进步发展陷入困难重重的境地。

战后，由于美国统治下的美式文化风靡于世，陈腐的“至高无上”论彻底丧失了权威，但评价民族文化的健康态度并没有取而代之地确立起来。高喊从美国的附庸中独立的革新派所倡导的民族文化论，在重新准确评价日本文化传统的尝试上，也不能说获得了成功。另一方面，正如“纪元节”“君之代”“年号”制度的复活等所象征的那样，最近出现的复古的传统主义开始收复失地，这一动向可以说使得确立正确认识日本文化传统的方法成了燃眉之急。

对于日本文化传统的无视与忘却，令我们现代人的文化创造活动变成了缺少根基的行为。不以历史为媒介的空洞创造是无法成立的。我认为，建立在追求不被歪曲的真实这一态度上的日本文化史的使命正在于此。

前面所提到的日本文化史的若干课题，可以说目的就在于为达成这一使命而去探究必需的真实。对于日本文化史，我们首先务必尽力阐明它所拥有的真实。进而，立足于真实，从过去的文化传统中准确地甄别什么是我们能真正引以为自豪的，是在今天的日本依然没有失去崇高价值并能为明天日本的发展，进而在更广阔的视野中为世界人类的进步作出贡献的东西，什么是与之相反妨碍日本民族进步的、应该尽力在今天以及今后尽早清理掉的东西，我们必须努力给予它们各自以适切的定位。

第一章

原始社会的文化

历史的出发点

过去，主导观点认为国家的出现即是历史的开端。在让国民臣服于国家强大权威下的年代，还没有诞生国家的时代被认定为动物时代而非人类时代。因为告诉国民事实上曾经存在过没有国家的时代，也就意味着告诉国民，国家并不是人类生活的必需品，更严重的是，恐怕它会带来人们盼望将来重新出现没有国家时代的“危险”思想。战前小学和中学的教科书中之所以完全没有出现原始社会的历史，固然在于它们直接从“神代”的传说开始书写日本历史，便没有了原始社会的位置，而究其根本，无疑是出于上述的深谋远虑。

与此同时，人们还形成了一种习惯，即将有文献记录的时代视为历史时代，而将没有文献记录的时代称为史前时代，宛如它是历史诞生以前的时代。具体而言，在很多情况下，它与我前面提到的将没有国家存在的时代视为史前时代的观点有着相同的结论，即原始社会存在于史前时代。

并非只有文献才是了解历史的史料，时至今日这一观点已经成为常识。对于国家，人们也认识到它只是历史的产物，即国家只是在人类历史的某个阶段出现的社会形态，因此，将来它也有可能灭亡，国家诞生之前的人类生活的漫长历史也开始受到重视。

人类历史起步于人类开始制造生产工具、开始进行社会性生产劳动的时代，这是今天学界的共识。从既是最古老的生产工具也是文化形态的石器的诞生开始书写历史，也成了最普遍的做法。战后，日本也改变了从“神代”开始书写日本历史教科书的状况，形成了从石器时代的历史写起的习惯。

自此，日本的历史也从石器的诞生开始起笔。石器时代，从社会结构上来看，相当于称为“原始社会”的阶段。

原始社会是怎样的时代

直到战败后不久，人们还普遍认为只有使用绳纹陶器的时代才是日本的石器时代，然而，1949 年（昭和二十四年）在群马县的岩宿发现了没有陶器并存的石器，这表明绳纹陶器文化以前存在着旧石器时代，不久之后，全国各地陆续出土了旧石器时代的石器，并发现了部分这一时期的人骨。但是，对于旧石器时代的详细情况，至今还了解得不够充分。

总之，石器时代中并不存在农耕，人们依靠在山野里狩猎野鹿和野猪、在河海里捕捞鱼贝、采食植物为生，既未形成大规模的集体生活，也没有通过积累剩余物资形成财产，因此，也没有产生以财富为基础的政治权力。不存在阶级对立和国家权力，这是原始社会与其他阶段的社会在本质上的区别。

绳纹陶器

日本的原始社会持续了多久尚不明确。以目前的科学水平，准确计算缺少文献时代的绝对年代，仍是十分困难的。但是，仅绳纹陶器时代就经历了大约一万年极其漫长的岁月，这一点没有疑问。

我们的祖先迁居此地时，日本的土地或许还与大陆连接在一起。之后，石器时代生活在这一列岛上的人们，在不受大陆文化影响的条件下，仅在日本社会的内部逐渐发展起了石器文化。依靠石器时代人们的才智，通过采集天然资源来获得生产资料的生产力水平，最终没能完成由低级向高级阶段的飞跃。然而，在这个阶段，他们成功地将石器和陶器的制作工艺提高到了石器时代所能达到的极致，绳纹陶器中繁杂的样式和丰富的创意便是有力证明（图1）。

例如，就绳纹陶器而言，可以将它样式变化的阶段粗略地分为草创期、早期、前期、中期、后期、晚期六个阶段，细分的话则可以分成几十个阶段。我们能够清楚地看到，在漫长的岁月中，绳纹陶器的样式随着年代的变化而不断发生演变。其中既有捻线随意镶嵌在陶面上构成图案的简单早期陶器，印出真正的绳纹从而在外观上开始出现了复杂图案的前期陶器，也有经镂刻或透雕而富有立体装饰感的中期陶器，还有深容器、浅容器、带底座的容器、盘子、瓶状以及香炉状的后期和晚期陶器，无论从形状还是图案来看，它们都极具变化，异常

图 1　绳纹陶器（图片：TPG）

华丽。绳纹陶器如此多姿多彩，着实令人惊叹。其丰富的创意变化，与硬玉穿孔的石工技艺的发展一起形成的日本文化史的特色——手工业技术的成熟，在这一历史阶段中已经充分显示了出来。

生产力的停滞

但是，陶器和石器加工工艺的发展并不意味着石器时代生产技术的进步。欧洲的旧石器时代，打制石器仅用来穿凿岩石，基本上没有出现陶器制作和农业生产。到了使用磨制石器的新石器时代，人们开始制作陶器，并从事农业和畜牧业生产。与欧洲不同，日本的绳纹陶器时代，既有磨制石器也有陶器的存在，具备了先进的新石器时代的特征。尽管如此，绳纹陶器时代的人们还并不懂得农业和畜牧业生产，这是与欧洲的巨大差别。

美索不达米亚地区的金属文化始于公元前四千年前后，与日本相邻的中国，青铜器的制作开始于公元前十六世纪前后，公元前四世纪左右已经使用铁器。我们通过比较便能清楚地看到，日本不仅在绝对年代上十分落后，即便在进入了新石器时代之后，也依然没有脱离狩猎、采集的经济模式，生产力的发展水平处于停滞状态。造成这一结果的原因在于，日本是位于远离欧亚大陆东端的海上岛国，在时间上受大陆发达文化影响较为滞后，这也是之后始终贯穿日本文化发展历史的特点之一。

尽管石器时代的人们在陶器和石器的加工工艺上发挥了出色的才能，但生产力的落后却只能让人的精神生活滞留在低级阶段。以物质为素材的高超造型能力与低水准的人类精神生活，构成了原始社会文化颇为奇特的不平衡关系。

巫术的统治

今天我们要了解石器时代人的精神生活内容有着很大的困难。仿佛表现男性生殖器形状且不具备实用性的巨大石柱、凸显乳房的女性陶俑，从这些历史遗物可以想见，它们应该是用于巫术的器具，巫术渗透了那个时代人类生活的方方面面。此外，石器时代人头盖骨上的牙齿经过锯齿加工或拔牙的事例，也说明存在以巫术为背景对人体进行加工的事实，这让人想到非理性的巫术信仰在人的生活中具有超凡的统治力。如果将尸体四肢弯曲后埋入地下的屈葬，与让尸体怀抱石头的事例联系起来理解的话，这可能反映了害怕死者返回的原始思想。最近还出现了这样一种观点，即当时由人们充作食物的动物之骨骸和贝壳堆积起来的贝冢，也不仅仅是垃圾场，还是某种祭坛，人们将用以果腹的各种动物的灵魂送回天上，并祈祷它们再次出现在地上，从而丰富自己的饮食生活。

绳纹文化与之后的弥生文化的传承关系在很多方面不甚明朗，后世的民族信仰与原始社会巫术信仰的关系也不是十分清晰，不过，民族信仰的起源恐怕就在此吧。诸如原子能研究所大楼奠基时举行“地镇祭”那样，当我们现代人目睹连现代科学最先进的文化设施中也在举行巫术般的仪式时，不得不惊叹于贯穿日本历史中的根深蒂固的原始思想的生命力。

另外，我们完全不清楚那个时代社会组织的细枝末节。但是，在巫术全方位统治人类生活的原始社会，精通巫术的长老，无疑承担了统领集团的角色，同时，从陶俑全部是女性这一点，可以推测女性拥有很高的社会地位（图2）。直到很久以后的古代社会完结，在日本，

图 2　女性陶俑（图片：TPG）

女性都没有完全沦落到从属于男性的低下地位，这可能是因为原始社会的遗制并没有被消灭，而且留存了很长一段时间，因此，我们当然只能认为女性在原始社会中处于很高地位。没有贫富差距的原始社会不存在将男女区别对待的物质基础，以最能直接显示血缘关系的母子关系为中心构成了母系制家族，这种认识也不能说是缺乏根据的推论。从古代社会所盛行的夫妇别居的男性走婚制中，能够看到母系制的遗风，这种观点的出现也源自相同的理由。

从绳纹时期的住宅遗迹我们能清楚看到，当时人们居住的是竖穴，从地面纵向挖一个矩形或接近矩形的椭圆形土坑，插上立柱，上面铺设顶棚，人们就在那里面生活起居。这种仅在土坑里铺上石块而没有地板的竖穴，作为普通大众的住宅，在进入古代社会后仍然延续了几百年，我们也能由此感受到原始社会文化长久的生命力。

不能忘记的是，正如上面所说的那样，无政府、无阶级——这一特征我们很容易依据现代人的感觉将其美化——的原始社会文化，建立在极其落后的生产力基础上，是未开化的、内容层次较低的文化。但是，这一文化的遗风，在后世长久地影响了日本文化的各个方面，想到这一点，我们便不能不重视它的历史意义。

经过数千年的漫长岁月，在这一列岛内部实现了特殊发展的原始社会的日本，随着公元前二世纪前后大陆新的生产技术的传入而发生了根本性的变革。那就是使用金属器具和开始水田耕作终结了绳纹文化，以弥生陶器为特征的新文化诞生了。纵贯数千年的无阶级、无政府的社会脱胎换骨，形成了具有阶级统治的政治社会，并一直存续到今天。

第二章

古代社会初期的文化

金属文化的传入

生活在封闭的日本列岛上的祖先，在漫长的岁月中固步于石器文化阶段，此时，在大陆上生活的汉民族早已迎来了金属文化时代，建立了强大的国家。汉王朝进入铁器时代后，汉族以惊人的气势向外扩张，其影响波及日本，为日本带来了金属文化和农耕技术。

一般而言，金属文化如果按照自身规律发展的话，首先出现的是青铜器时代，之后才进入铁器时代。然而，在既已进入铁器时代的汉文化的影响下，迎来金属器时代的日本并没有经历青铜器时代，而是从石器时代一步跨进了铁器时代。因此，金属器时代初期，日本青铜器和铁器并用，从这一点上也能看到日本文化史不同于先进文明国家的特殊性。

金属器时代早期的文化，由于存在着弥生陶器这种与绳纹陶器风格迥异的陶器而被称作弥生文化。但是，弥生陶器并不是绳纹陶器的变种，它单纯的形状和直线条的花纹，与复杂多彩乃至繁琐的绳纹陶器没有任何共同点，显示出了其全新的趣味（图3）。创造出这种陶器的弥生文化主体，可能是从海外新移居而来并征服了绳纹文化的民族吧。如果这一推论成立，这里就存在着民族断层的问题。认定弥生文化是新民族带来的人们似乎也认为，新来民族在人数上属于少数派，尽管其文化征服了绳纹文化，并占据了日本文化的主流地位，但是他们的血液却被石器时代的先住民

图 3　弥生陶器（图片：TPG）

所吸收，仅仅停留在为日本民族注入了新人种元素的阶段，而没有发生住民的全面替换。因此，无论弥生文化是由谁创造的，都不妨认为弥生文化的输入只是不断出现的吸收海外文化事例中的一个，日本文化史的连续性并没有丧失。

阶级与国家的诞生

随着水田耕作的开始，这一生产方式产生了巨大影响力，它使得日本的社会结构发生了全新的变化。石器时代，过多的人集中在一处生活，近处的食物资源很快被采集一空，群落的扩大受到限制。然而，水田耕作开始后，为了开垦和灌溉，需要比过去更大规模的集体劳动，群落中的人口变得愈发密集。于是，剩余物资的积累成为可能，劳动力的大小强弱决定了拥有财富的数量。财富多的人让财富少的人从属于自己，甚至让他们成为奴隶，从而形成了剥削与被剥削的阶级关系。

阶级关系以这样的物质条件为基础，并在这一背景下产生了政治上的统治与被统治关系，小的政治集团在各地如雨后春笋般涌现出来。世界上最早记载日本的文献——《汉书·地理志》中描述了公元前一世纪前后日本列岛的状况，“乐海浪中有倭人，分为百余国”，由此我们可以了解到那个时代日本土地上存在着百余个“国”。

受《汉书·地理志》的影响，后来的中国正史中记载那些“国”中存在“王”。北九州遗留的支石墓以及瓮棺墓中发现了铜镜和其他珍贵的随葬品，据此可以看到当时已经出现了政治上的统治者。但是，无论支石墓还是放有随葬品的瓮棺，都还没有达到在公共墓地中拥有特权的程度。因此，中国正史中所谓的“王”——虽说这一称呼听上去煞有介事——这个当时的政治统治者充其量只是村落共同体中的长老而已。这在本质上与古坟时代以后的专制君主有着巨大差别，而且他们是否都是世袭的“王”也疑虑尚存，或许只是通过村落集会上的巫术占卜这种选举制度选定的“王”。

前面已经提到，在理性思维十分落后的时代，巫术具有强大的统治力。尽管向农耕社会的转型反映了人们智慧的巨大进步，然而，人无法依靠人力改变天气、气候状况，只能以顺应自然条件的农业为主要产业，这反而加大了巫术存在的必要性。通过巫术来保佑播种顺利而获得丰产的农耕仪式，成为村落共同体中不可或缺的活动。主持农耕仪式的巫师，同时也是统领村落共同体的重要角色，这一点不足为怪。

弥生时代特有的文物中，在以北九州为中心的西日本各地发现了铜剑、铜戈，以畿内为中心的日本中部地区各地发掘出了铜铎。这些都是诸如武器（前者）以及乐器（后者）等没有实用价值的大型青铜器，应该是村落共同体在举行巫术仪式时使用的道具，它们同时也象征着“王”的政治权威。

《魏志·倭人传》中记载，邪马台国的女王卑弥呼“事鬼道能惑众”，这正说明巫术的力量直接成为政治统治力，这可说是个例证，即小国群立时代的“王”，与其说是政治上的君主，不如说他在本质上是一名巫师，这一点也显示出不同于后来作为政治上专制君主的早期统治者的特征。之后，这些“王”中的一人成为日本全境的“大王”，七世纪前后开始使用“天皇”这一称呼。直到后世，天皇始终既是国家的君主，又掌握着最高祭祀大权，这表明日本的“国体”没有清除弥生时代以来的古老特征而被温和地保留了下来。当我们考虑到起源于农耕仪式的“大尝祭”作为天皇即位时的重要仪式一直持续到二十世纪这一事实，进而联想到在农村自弥生时代起并未发生很大变化的“锹”“锄”等原始农具使用至二千年后的二十世纪这一情况，便可发现，日本文化象征性地停滞在两个极端上，一端是皇室，而另一端则是农村社会，这一点颇可玩味。

另外，在有些铜铎的表面上画有用线条勾勒的杵臼捣米和箭射野鹿的场景，这些作为表现当时日本人实际生活的原始绘画格外引人注目（图4）。

图4　铜铎表面的原始绘画

君主制国家的形成

四至六世纪前后，以畿内为中心，全国各地建起了众多以前方后圆坟为代表的高冢古坟。建造古坟需要征集大量劳动力，古坟内还装入了镜、剑、勾玉等各种精美的工艺品作为随葬品，这表明葬在古坟冢内的主人公生前拥有巨大的权力。另一方面，与一般民众直接埋入地下连一块墓碑都没有的情况相对，可以发现当时阶级分化加剧以及专制权力强化的事实。并且，古坟从畿内中心地区向东西扩展，这表明一个事实，诞生于畿内大和的一个小国的“王”成为日本全境的“大王”，他的统治从东国扩大到了九州，日本民族在政治上统一，形成古代君主专制国家。

大王承认分立于各地的小国诸“王”的统治地位，并对他们间接行使自己的统治权，这意味着大王是在各小国联合形式下的日本君主。然而，随着大王在政治、经济上的权力累积，他的统治权逐渐得到强化，从而逐渐形成中央集权的古代官僚国家体制。推进这一发展趋势的强大原动力，便是统治者们对大陆文化的积极引进。

早在大和政权行将完成统一的四世纪前后，日本就进入了朝鲜半岛，占领弁辰，抑制了朝鲜民族政治上的统一，并在任那设立官府进行统治，进而征服了业已形成民族国家的新罗、百济两国。大和政权的军事侵略发挥的作用无疑是巨大的，它有助于随着对大陆高度发达的物质文化的引进而提高统治阶级在文化上的优越性，保持对被统治者的压倒优势。

包括古坟随葬品在内，六朝时代的铜镜和仿制镜、金冠、金银耳饰、银钏、金属饰物、环头大刀等大陆的工艺品，以及通过新输入的高度先进的制陶技术所制造的须惠器等物质文化的遗留物，清楚地证明了上述的事实。同样，在精神文化的领域中，从朝鲜半岛渡海而来的人，通过他们的子孙用汉字来记事以及引进阴阳、天文等中国的知识。进而到了六世纪，从百济引进了儒学经典、佛像等，大王以及大王周围的大豪族们在文化上的优越性愈发凸显出来。为了使大王的权威合法化而创作出来的神代传说，如果忽视大陆思想的影响则无从谈起，这一点我在后面将详细论述。另外，用于统治人民的被称为“部”的体制，无疑也学习了百济的“部”制度，吸取大陆文化在政治上也发挥了巨大作用。大王权力的形成，是通过对半岛军事侵略而完成对大陆文化的摄取来实现的，这一点在此已经十分明了。

大王成为统一君主之后，过去的各个小国中的诸“王”，作为豪族臣服于大王的同时，一如既往地继续统治人民。进而，豪族以及农民中有实力的人开始占有被称为“奴”“婢”的奴隶。豪族——农民——奴隶，这就是当时社会的阶级构成。奴隶在全体人口中所占的比例并不高，主要的生产力来自农民，豪族与农民之间的统治和被统治关系构成了这一时代社会的基本结构。

正如前所述，农民被编入从百济学来的制度中的

“部”而成为“部民”，他们中还出现了烧制陶器的陶师部、制造马鞍的马鞍部的部民，被安排从事特殊工业生产的职责，不过，他们应该不是专业的技术人员，平时还要作为农民从事农业劳动。

豪族拥有氏和姓，前者代表血统，后者则显示身份的尊贵，统治者的地位是世袭的。从通过拥有氏、姓身份来进行统治的社会特征出发，加之为了有别于之后的律令国家，这一社会又被称为“氏姓社会”。

下面，我将论述从小国分立时代即弥生文化时代，至氏姓社会时代即古坟文化时代的文化。

作为民族宗教的祭祀

前一章我已经谈到，原始社会中巫术可能全方位地统治了社会生活，但是，对于巫术的内容，由于缺乏文献而无法了解其具体情况。有关弥生时代之后的巫术，我们终于能够通过文献来了解它的具体内容。不仅如此，在这个时代中，作为农耕仪式出现的巫术宗教，经历了之后形形色色的变化，直至现代生命力仍然绵绵不绝，因此，它给我们提供了一条途径，即能以今天随处可见的宗教活动及其残留物为线索，复原甚或被文献记录遗漏的东西。

柳田国男先生开创的日本民俗学，之所以能将现存的民间传承作为史料，并在极大的范围内成功还原日本民族宗教的具体内容，是和上述的条件分不开的。但是，民俗学将现存的民间传承作为唯一史料，因而没有固定的方法用以在绝对年代上分清是哪个时代的史料。尤其在考察限定于古代这一绝对年代的民族宗教时，均以文献记录为中心史料，仅将现存的民间传承与之一一对应，还原其具体面貌，作为寻找线索的间接方法应该还是可靠的。

为了用这种方法认识民族宗教最古老的面貌，首先我要提到的是《魏志·倭人传》中记载日本人风俗习惯的一节。

书中记载，人死后停丧十余日，期间不食肉，丧主哭泣，他人歌舞饮酒。下葬后，全家入水沐浴。他们渡海来中国时，常令一人不梳头、不去虱，服饰任其肮脏，不食肉，不近女色，与死者过着相同的生活，称之为“持衰”。若遇生病或遇灾害，则将责任归咎于此人并杀之。他们按其风俗举行仪式时，以烧骨问卜预测吉凶。又烧龟甲用以占卜。女王卑弥呼事鬼道，能惑众[1]。

以上是《魏志》中的记载，正是它几乎忠实传达了

①《魏志·倭人传》原文：始死停丧十余日，当时不食肉，丧主哭泣，他人就歌舞饮酒。已葬，举家诣水中澡浴，以如练沐。其行来渡海诣中国，恒使一人，不梳头，不去虮虱，衣服垢污，不食肉，不近妇人，如丧人，名之为持衰。若行者吉善，共顾其生口财物；若有疾病，遭暴害，便欲杀之，谓其持衰不谨。其俗举事行来，有所云为，辄灼骨而卜，以占吉凶，先告所卜，其辞如令龟法，视火坼占兆。乃共立一女子为王，名曰卑弥呼，事鬼道，能惑众。——译注，本书注释均为译者所加，特此说明

三世纪日本的宗教生活，作为记载日本最古老宗教内容的文献，不得不说是十分珍贵的史料。

八世纪前后完成的《古事记》《日本书纪》《风土记》，以及被视为在它们前后成形的祝词、寿词等日本方面的文献，如后所述，由于包含了几个阶段复杂的原始资料，因此要区别绝对年代来加以阐述是十分困难的，不过，毋庸置疑，它们反映了《魏志·倭人传》之后的时代状况。而且，这些日本的文献，一方面反映了比《魏志·倭人传》更新时代的宗教形态，另一方面，也包含了与《魏志·倭人传》中所记载的时代相符的内容，通过这些文献，我们可以想象还原较为古老时代的民族宗教的面貌。

例如《古事记》的传说中写道，天若日子神死后，人们建了一座“丧屋”连续八天八夜在那里歌舞作乐，与《魏志》中记载的停丧云云是同一种仪式。又如，伊耶那岐神从黄泉国归来在河边举行“修禊”仪式的神话传说，描述了与《魏志》中记载的水中“澡浴”相同的习俗。天照大神躲藏在天石屋中取鹿骨占卜的神话，与《魏志》中烧骨占卜的记载一致。仲哀天皇征伐熊袭时，神功皇后神灵附体，就今后的策略降下神谕，这一传说令人联想“事鬼道，能惑众”的卑弥呼。

进而，无论丧事中的歌舞音乐、祓除和修禊，还是烧鹿骨占卜的“太占”、巫女的神灵附体，所有内容都作为实际生活中的宗教习俗长远地流传到了后世，让我们能清晰地看到日本民族宗教的原始面貌。

中世以后，在“神道”的名义下，日本的民族宗教被宣扬为能与佛教和儒教抗衡的思想体系。但是，民族宗教原本没有教义，当然也不存在相当于经典的著作，只是镰仓时代以后，神职人员模仿佛教等宗教创作出了新的带有理论色彩的东西，因此才具备了“道”的形态而被称为“神道”。并且，神道的所有理论都是从佛教和道教等大陆宗教的教义那里借用过来的，它们东拼西凑，荒诞无稽，充斥着与活生生的信仰毫无关系的空谈。我们必须注意的是，民族宗教的主体，迄今为止仍以巫术的仪式为其唯一内容。

显然，《魏志·倭人传》所记载的巫术活动就是民族宗教的原始形态。我们可以推断，其中大量元素应该是从采集经济时代的原始社会中的巫术那里继承下来的，但是弥生时代以后的民族宗教，是以农耕仪式为其本质的，所有巫术活动，最终目的无疑都在于祈愿农耕的顺利进行。

从社会角度而言，巫术活动中最重要的是“祭祀”。“祭祀”有春秋二祭，即春耕开始前祈祷丰收的“祈年祭”（“年”有收割的谷物之意），以及秋天收割之际感谢丰收并祈祷来年丰收的“新尝祭”，由此，我们能看到春秋二祭清晰地显示出民族宗教作为农耕仪式的职能。

由于祭祀的形态、内容追随时代而不断发生变化，我们也很容易将后世附加上去的元素误认为是其固有的内容，祭祀的古代形态与后世的常识在很多方面存在巨大差异。

首先，后世的祭祀，从原则上而言是神社的祭典，神社这一固定的建筑设施是举行祭祀活动的前提条件。但是，原始的祭祀是在临时设施中举行的，祭祀结束后设施即撤去，不需要固定的设施。随着祭祀活动在一定的场所中反复举行，该场所也被视为神圣之地受到特殊对待，经久便在那里建起了神社。例如三轮神社，只有拜殿而没有大殿，三轮山本身就是神社的本体。又如出羽的汤殿山神社，温泉水涌动的岩洞是神社的本体。诸如此类的神社直至今天仍残存于全国各地，将它们与在《万叶集》中写成“神社”并训读为“MORI[①]”等事例进行比照，就能想象出神社的原始形态。

神社是固定的建筑设施、大殿里供奉着神灵，这种后世的常识，应该是在佛教寺院中常年安坐着佛像这一形态的影响下形成的吧。其实民族宗教中，只在举行祭祀活动时才祈求神灵暂时降临于树木、镜、剑以及陶器等“凭坐[②]”上，平时并不需要神灵常驻的神殿。

这一事实与民族宗教中的神灵不是拥有人类形态的人格神有着很大关系。本居宣长在《古事记传》中解释了古代“神”的词义，他说日本的神，既有高贵之神也

① “MORI”是日语中汉字“森”的训读，意为森林。

② 凭坐即神灵依附的媒介。

有低贱之神，既有强势之神也有弱势之神，既有善良之神也有邪恶之神，他们与外国宗教中的佛主、菩萨、圣人等有着根本性的区别，无论是人、鸟兽、山川草木还是其他，所有非同寻常并受到敬畏的对象都是神，不得不说这一理论极其生动地阐明了日本神的特色。正如宣长所说的那样，从与人类日常生活关系密切的蛇、鹿、狼、猴等动物和树木、岩石等自然物，到镜、剑、玉之类的人造物，都被视为与咒符之力有关系的物品，人们不仅认为它们有着充当神灵载体的能力，甚至觉得它们本身也是神。

后面还会谈到，神代传说的体系诞生之后，将出现在神代传说中的某某神或某某尊[①]与特定的神社联系在一起来供奉，这一习俗流传得非常广泛，实际上，神社原本并不是供奉这种有着固有名称的人格神的地方。《日本书纪》记载的传说中，被认为供奉大物主神的三轮神社中的神原本是蛇。《日本灵异记》所收的传说中，供奉伊耶那岐神的多贺神社的神原本是白猴。这些传说保留了将神社的祭神与拥有专名的人格神固定联系在一起以前的古老面貌。我们不能忘记，只要祭祀是用于祈祷农耕顺利进行的巫术活动，那么重要的就在于仪式，它不需要安置固定的神来作为仪式的对象，神社也只是用作举行祭典的圣地，不需要以祭

① 对神的尊称。

神的存在作为前提。

其次，民族宗教的原始形态，重要之处在于它是村落共同体的集体仪式这一点。农耕能否顺利进行涉及村落共同体的利益，作为用巫术来对此加以庇佑的仪式，当然必须是村落的集体活动。事实上，直到近代，祭祀村中“守护神”的春秋祭典，都是作为全村人集体参加的年中惯例活动来进行的。这一活动中没有祈愿满足个人诉求的余地，更何况个人灵魂的救赎这一高度的精神领域里的问题，民族宗教对此全然不予理会。

到了后世，人们开始在神社中祈求个人的福报和消灾，八世纪前后，已经有了旨在旅行安全、恋爱成功等个人祈愿的活动，在《万叶集》的诗歌中能够窥见一斑。这些事例表明新的信仰内容的诞生，更说明了民族宗教的变化。随着城市的发展，出现了与农耕仪式毫无关系的神社，人们煞费苦心地在告示板上写上“生意兴隆”等吉祥话，赚取香火钱。但是，即便在城市里，直到近代，祭祀活动仍然保持着无视个人意志而由集团来操持的传统，甚至发生了把神轿抬进拒绝捐款的人家里大闹的事件，如果考虑到祭祀活动不是由个人的信仰来支撑的，而是地域共同体的集团性活动的话，这种事情的发生也就不足为怪了。

不过，这里所说的集体活动，充其量也就是村落举行的活动，并非是国家的活动。农家收成的好坏，这对于以农业为主要财政收入来源的古代国家君主而言是最需要关注的事情。因此，作为村落活动的农耕仪式也会成为由君主来实施的国家公共仪式，政府中也有诸如中臣氏、忌部氏等家族来辅佐君主行使祭典大权，并且，握有这种职权的家族被固定了下来。不过，说到底这也只是统治阶级的活动，而非强加到大众头上的“国教”。将神社神道尊为国教、强制每个国民参拜神社，这是进入明治以后，鼓吹天皇制绝对权威的官僚们的杰作，并不是民族宗教的历史传统所固有的。

与皈依基督教的日耳曼民族放弃了本民族固有的宗教信仰不同，日本在佛教广泛流传后还保留了自己的民族宗教，神社信仰与佛教信仰共存，并深深扎根于日本人的生活土壤。哪怕在今天，城市和村落中都在不停举行春秋祭祀活动。从表面上看，正月里悬挂稻草绳、门松，用镜饼作供品等习俗，以及佛教中由僧侣主持的彼岸会、盂兰盆节等活动，似乎与民族宗教没有关系，但不得不说它们全都起源于民族宗教。例如，将亡故的祖先灵位从墓地带回家中的盂兰盆节的活动，用否定灵魂不灭的佛教教义是全然无法解释的，这显然是戴上了佛教面具的民族宗教的仪式。

在此我想简单说明一下，正如我们从外来的世界宗教——佛教在进入日本以后，与供奉神灵的活动长期共存的典型事例中所看到的那样，日本的文化具有这样一个显著的特点，即传统的古老文化并没有随着外来的或者国内创造的新文化的发展而消亡，在大多数情况下，它们相互融合并共存下来。就像前面提到的，与大陆隔海相望的岛国日本，在接受海外文化影响的深度方面受到很大局限。日本人总是很热心地吸收先进的海外文化，并且发挥出同化高度发达的外国文化的超强能力，通常外来文化的影响力并没有达到深刻而广泛的程度，从根本上改变日本人现实生活，传统文化自始至终深深地扎根于现实生活，我们必须重视这一点。由于大海这一自然屏障，日本人只是通过往来于海上的少数人群来接受海外文化，与海外民族并没有大范围的接触（这一点与二十世纪后半叶交通便利让世界范围内人们的交流变得十分容易的情形迥然不同），并且作为基础产业的农业的生产技术，并未彻底摆脱弥生文化时代的落后状况，农村共同体的生活模式没有经过根本性变革而存续了下来，我们是否可以说，上述的这些条件便是日本文化的传统内容得以广泛而持续传承的基础。

这些暂且不论，在理性精神世界高度发达的近代，民族宗教的巫术尚且广泛留存，那么在理性精神并不发达的古代，宗教主宰着生活的每一个方面也在情理之中。可以这样说，古代初期的文化中，无论是文学艺术还是歌舞音乐，乃至政治和经济，几乎不存在与宗教仪式无关的内容。我在前面已经提到，政治上的权力建立在从事神职工作能力的基础上。在古代，交换剩余产品的商业性场所——“集市”与神社的祭典有着密不可分的关系。这种集市，同时又是举行集体歌舞即“歌垣”“嬥歌”[①]的场所。借助语言施展咒符之力的祝词、寿词自不待言，民间传说以及歌谣等也都是广义上的宗教文艺。在后世作为艺术形成了独自文化形态并达到很高水准的和歌、物语、猿乐能、人偶净琉璃等，均诞生于与民族宗教有关的活动。

法官在审案中还使用称为“探汤”的巫术手段，即让证人将手伸入开水中用以证明证词的真实性。“祓”除了在宗教意义上是除去污秽的巫术之外，也是没收罪犯财产的刑法。本居宣长说，“罪”不仅指人的恶行，还包括病患等灾祸，以及肮脏、丑恶之事等内容，一切为人所憎恶的事情都是“罪”。这一认识与前面提到的对神的解释，是宣长十分准确把握了古代思想特征的一个例证。正如宣长所指出的，在古代社会中，从刑事犯罪到自然灾害，它们与宗教上的“污秽”一起全都包含在了“罪”的观念中，应该说“祓”所包含的多义性功能恰恰对应了这样的“罪”的观念。

《古事记》《日本书纪》中的传说

我在前面提到，《古事记》和《日本书纪》以及其

① 歌垣和嬥歌都是日本古代男女青年在宗教集会时边饮酒边唱爱情歌曲互表衷情的活动。

他完成于八世纪前后的文献是反映民族宗教较为古老面貌的重要史料，它们同时也是日本人自身记录日本社会、历史、思想等最古老的书籍，堪称最珍贵的文化遗产。不过，这类书籍的性质极其复杂，经常会出现错误的理解，在此我想稍许谈论一下它们的性质。

《古事记》于712年（和铜五年）、《日本书纪》于720年(养老四年)分别由太安万侣和舍人亲王等人完成。但是，无论它们中的哪一部，都不是太安万侣或舍人亲王新创作的，而是对称之为《帝纪》《旧辞》等自古流传下来的文献加以整理、修改加工后编成的书籍。因此，尽管最新的部分中有八世纪写的内容，但基本上还是依据八世纪前某个时期汇集的原始资料来完成的。

从书中的内容来看，很多部分出自大化革新以前，即大约成立于六世纪初的文献，如果去除七和八世纪的润色和增补的话，我们可以将它们视为氏姓社会的产物。其中，更古老的部分无疑还包括五世纪以前流传下来的内容。在贯穿数百年的漫长岁月中，各个历史阶段的元素不断相互交集，因此我们不能将它们视为单纯的某一个时期的文献。

《古事记》和《日本书纪》采用的是史书体裁，即按照时间顺序记录历代天皇的系谱以及历史事件，其中包括被视为天皇祖先的众神。两部著作中确有堪称忠实记录史实的部分。与此同时，它们中既有大量完全出自意识形态的创作，也有不少是对史实加工和变形后的产物，总体而言，无法将两部著作视为历史书。

其中，被公认为十分准确的历史记录有《日本书纪》中的天武、持统天皇的三卷，而完全出于意识形态创作的是两部著作中的神代卷，两者处于两个极端，中间的部分，历史记录的和非历史记录的元素微妙地掺杂在一起。非历史记录的内容，其性质也不是划一的，既有出自《古事记》《日本书纪》的编者或者这些原始资料的编撰者案头上的创作，也有采自豪族和民间的传说所构成的部分，它们的成立年代和性质、构成元素都各不相同。其中，被视为来自民间传说的部分，大体上可以认为是文化遗产中最为古老的内容，下面举两三个事例来进行说明。

例如，伊耶那岐和伊耶那美二神创造国土的故事中，天神之子受命从虹桥降临到地上，完成任务后与从天界降临的三个女人以及在地上的和来自地下界的三个女人结婚，从而成为人类的祖先。这个传说与流传于布基族和望加锡族的神话十分相似，与天地二神生出群岛的毛利族的传说也如出一辙。

伊耶那岐神和伊耶那美神反目后，伊耶那美神宣告一天要杀死一千人，伊耶那岐神则回应道自己一天要建一千五百座产房，这个故事与波利尼西亚毛利族的神话故事极其相似。毛利族的故事说，人类的女祖先希奈和男祖先塔奈分开后下到地下界，她对追赶她的塔奈喊道：

“再见了，塔奈！回去吧，把子孙带到生命的世界！我只会带他们去冥界！”

山幸和海幸的故事中说，日子穗穗手见神兄弟互换了钓钩和弓箭，由于日子穗穗手见神弄丢钓钩而引发了一场兄弟争斗。这个故事与塞雷贝斯岛上的米纳哈萨族的传说，以及分布在以南太平洋地区为中心的广大地区中的传说故事属于同一个类型。米纳哈萨族的传说故事描述，喀威鲁桑弄丢了从朋友那里借来的钓钩乃潜入海中，见一少女咽喉被钓钩刺中痛苦不堪，他帮少女拔除了咽喉上的钓钩，坐在大鱼的背上返回陆地，令天降大雨，让害自己受苦的朋友陷入困境。暂且不论这些传说故事与其他民族的传说故事是如何形成历史关系的，自古以来，流传于民间的故事会被收进政府官员编撰的文献之中，这一点毋庸置疑。

在与其他民族传说不相同的故事中，应该也有大量内容未必是统治阶级出于自己的政治立场杜撰出来的，而是民间信仰和习俗的产物。在《古事记》大国主神故事后附记的大年神的子孙中，罗列了庭津日、阿须波、波比岐等神，他们是八世纪前后民间实际供奉的神灵，是象征超自然力的非人格神。在神武天皇的故事中收入了这样一首歌谣：“宇陀高城，张网捕鹬，我静静等，鹬不上钩，多么神勇，逮住雄鹰。”事实上，它无疑使用了以山民狩猎生活为素材的民谣，从这个角度来看的话，不得不说在《古事记》和《日本书纪》

的各个构成部分中，随处洋溢着古代初期大众生活的气息，有别于这两部著作的整体构思。我们能够从《古事记》和《日本书纪》的故事和歌谣中，读出与诸如《源氏物语》等纯贵族作品迥异的特色，后者是在封闭的贵族社会中创作出来的。

但是，《古事记》和《日本书纪》在将诸如此类古老的民间传说收入其中的同时，也有来自非民间阶层人士的创作。《古事记》和《日本书纪》两部著作大体相同的卷头“神代”故事，虽说其中部分内容是从上述的民间传说攫取的丰富资源，但是就它们的整体结构而言，我们只能理解为，显然是统治阶级出自自己的政治意图创作出来的。

关于“神代”故事，江户时代以来出现了五花八门的解释。例如，有人认为这些故事是以比喻的方法来叙述历史事实的。但是，时至今日，下面的这一解释可以说已经成为学术界的定论，即在大王开始统治全日本后的某个时期，也就是在上述的大约六世纪初期，为了大王君主地位的合法化，政府官员以现实状况以及民间的传说故事为素材，创作出了这些故事。

“神代”故事大致以天皇的祖先天照大神为中心，叙述了天照大神出现之前的来龙去脉。代表出云“国造[①]”权力的大国主神在天照大神的威力下臣服于大神的

① 国造，日本古代的地方官职。

子孙，大神的子孙受命于大神，从高天原降临到这一国土上，其子孙成为天皇，变成了拥有日本最高权力的人。这些故事都是通过叙述皇祖神的权威及其意志的实现，即围绕天皇君临日本这一中心内容来推进的。除去混杂其中的——如前面提到的阿须波神、波比岐神等——与故事主线没有关系的民间信仰对象，该故事中登场的众神，基本上均是比拟为皇室以及各豪族祖先的人格神。之后他们被视为各个特定神社的祭神，但实际上与现实中的宗教信仰没有任何关系，而是政治势力的反映。尽管“神代”这一创意来自宗教思想，但总体上它未必能称为神话，只是借用了神话这一外形来表达政治思想而已。

对于神武天皇以后的内容，虽说有不同角度的解读，我觉得比较妥当的看法是，很多传说故事纯粹出自创作，与“神代”几乎属于相同性质，尤其是开头部分。从“神代”开始到神武天皇之后的部分，虽然这类创作主要用于说明天皇地位的由来，但基于各豪族的祖先是从天皇家族中分离出来的支脉这一思想，结构上也是把各氏族祖先纳入天皇的系谱。总之，《古事记》和《日本书纪》故事的体系，旨在赋予天皇和以天皇为中心的统治阶级的统治地位以权威，从普通人民完全没有作为故事的构成要素得以登场这一点上，也能充分认识到两部著作的阶级特征。

过去有人认为，《古事记》和《日本书纪》的故事反映的是日本人祖先尊皇精神的源泉，它们被视为国民经典受到尊崇。然而，这种所谓的尊皇精神，仅属于氏姓阶级的思想。我们不能忘记，虽然这两本书在故事主要情节外的构成元素中也包含了人民生活的产物，但在整体构思上，绝不是民族叙事诗一类的作品。

正如上面所说的那样，我们今天看到的《古事记》和《日本书纪》的正文，忠实采用了出自六世纪以来氏姓阶级需求的构思，并最终经过大化革新以后律令社会中的豪族政治思想的加工润色而集大成，我们必须清楚这两部著作历经多个时代，打上了阶级的烙印。

集中了地方传说的出云、播磨等地的《出云记》、祝词等，无疑也是经过政府之手采集而来的。它们中既有如《出云风土记》那样，将出云国造祭祀的大己贵神而不是天照大神奉为“天下造物主之大神”的特异故事，也有祝词、寿词具体描述了古代祭祀活动的场景，各有各的妙趣。

冲绳各岛上的居民，尽管同为日本民族，由于长期处于与本土分离的状况，维持了其独特的地方文化。十六至十七世纪编辑完成的宗教歌谣集《奥莫罗草纸》[1]，在描绘了冲绳古代宗教信仰面貌的同时，富含本土文学

---

[1] 歌谣集，采集了十二至十七世纪在冲绳、奄美诸岛上流传的歌谣，共22卷、1554首。其中包括歌咏琉球王府的宗教祭祀、冲绳开岛神话、海上护航、战斗英雄、自然情景等十分广泛的主题内容。关于“奥莫罗”（日语：おもろ）一词的语源有多种不同看法，但基本上都认为与宗教祭祀活动中的祈祷文有关。“草纸”一词意为用假名写成的书。

中所欠缺的气势恢宏的海洋文学情趣，从这一点上来说，它是珍贵的文化遗产。

古代文化与性

《古事记》《日本书纪》中的故事，在总体构思上没有根本性的差别，但在表现形式和细节方面却是风格迥异。其中一个主要原因是，《日本书纪》使用汉文写作，因而很多部分按照中国思想来润色，还有不少地方根据律令社会豪族的政治思想改写了过去时代的故事内容。与此相对，《古事记》直率生动地表现了人世间的甜酸苦辣，无关政治意图，很多故事能打动读者的心。

正如本居宣长所指出的那样，《古事记》中生动描写了熊袭征讨结束后立刻奉命征讨虾夷的倭建命憎恨其父天皇的苦闷感情，将不受后世儒教忠孝道德所束缚的人性如实表现了出来。我们应该注意到，诸如《古事记》卷首对伊耶那岐和伊耶那美二神的性交描述，以及天宇受卖神在天石屋前露出阴户起舞的故事，在对待性的感觉上与后世截然不同，从中可以非常清楚地看到，古代初期的日本人对性的看法极其开放。

这一点，从性与巫术的关系中也能窥见一斑。我在前面已经提到，原始社会中，人们相信生殖器是咒符之力的象征，他们用石柱和陶俑等来表现生殖器的形态，农耕仪式也继承了这一传统，生殖器被视为农业生产力的象征而成为信仰对象。这一古老习俗经历了两千多年历史，绵绵不断传承下来，甚至今天在全国各地还留存着被视为道祖神的生殖器以及露出生殖器的偶像。除此之外，如茨城县行方郡御舟神社的性神祭，插秧后用稻草做成男根和女阴的形状吊挂起来，让它们在春风的吹拂下结合在一起（图5）。秋田县的某农村，还存在着插秧结束后让雇来的男女进行性交的极具现实性的活动，据传通过性器或性交的表现来祈祷丰年的习俗流传十分广泛。这种习俗与其他形形色色的巫术活动一起，反映了留存于后世的古代民族宗教的一个侧面。

进而，我们还需要注意到，古代初期在性方面的开放意识与当时的婚姻关系有着很深的关联。前面已经推测到原始社会大概是以母子关系为中心来经营母系制家庭生活的。古代初期，包括政治统治者的地位继承在内，实施的是父系传承，尽管如此，婚姻还是以丈夫去妻子家的走婚形式为原则的。因此，母与子同住，而父与子并不共同生活，应该存在着住宅由母亲传给女儿这一近似母系传承的习俗。妻子生活在娘家，与丈夫的关系保持着极强的独立性，夫妻间几乎不存在尊卑的差异。不仅如此，原始社会中男性从事狩猎、女性采集食用的植物和贝类，也许传承了这种社会分工的遗俗。这个时代的女性从事农耕、制盐、采集贝类等工作，她们作为生产劳动的主力发挥的作用远远超过后世，基于这一状况，女性在社会各

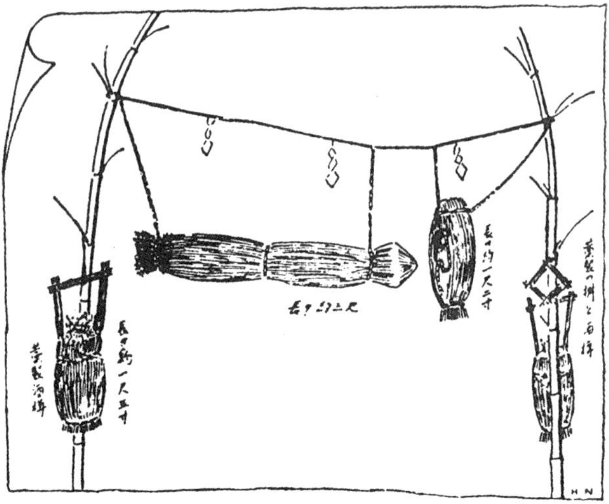

图 5　生殖器崇拜的一例，御舟神社的祭神活动
（引自西冈秀雄《性神大成》）

方面都拥有极高的地位。

分居的夫妇关系，始于性交，止于走婚结束，恋爱和结婚没有明确的界线，柏拉图式的交往不可能存在，男女关系始终是灵肉一体的。这样的婚姻习俗，无疑冲淡了性方面的伪善禁忌。

走婚在亲属间的道德方面也创造出了后世不存在的特殊关系。首先，分居的夫妻由于没有彼此束缚的手段，不但男性有很多妻子，女性也和很多男性性交。尽管这并非公开许可，却在很大程度上是可能的。在父系制最早得到强化的统治阶级内部，男女不平等出现得较早，好像出现过一夫多妻的规则，但是为不同住的几个妻子排列座次没有什么意义，因此所有的妻子都是妻子，不存在后世妻妾那样的身份差异。

由于只有子与母同住，所以同父异母的兄弟姊妹之间，血缘关系的意识比较淡薄，除了与亲生母亲以外，也难以产生与父亲其他妻子之间的亲属意识，同时，不存在禁止同父异母的男女之间，以及子与生母以外的父亲其他妻子间的婚姻道德约束。

通过上面的这些事例我们可以清楚看到，从明治维新直至战败，作为国民教化的一环，政府一直鼓吹的只有在嫁女婚的习俗下才能成立的父系家长制，仿佛是日本自古以来就存在的传统的“淳风美俗”，他们强调的这种正统家庭观是多么违背历史真相啊。

日常生活

与没有阶级差异的原始社会不同，这一时代，人们的日常生活中无疑出现了阶级差异。埋入高冢古坟与直接埋入地下的死者身份上的差异，也在生前的高床住宅和竖穴住宅[①]的差异上体现了出来。但是，这个时代，统治阶级用作住宅或仓库而开始出现的高床建筑，后来逐渐替代竖穴在普通民众当中流行开来。

---

① “高床住宅”指底部用很高的木桩支撑，整个房屋远离地面的住宅。“竖穴住宅”指在地面上挖出的圆形或方形坑上立柱建梁，用芦草等植物铺设屋顶的住宅。

由于纤维制品容易腐烂，用纤维制成的服装实物类的文物比较少，因此，很难弄清楚没有绘画、雕刻具体表现服装形态的原始社会的衣着生活状况。但是，到了古坟时代，在古坟周围伫立着的埴轮[①]中，有些表现的是统治阶级的形象——偶尔也有一些男女农民的形象，至少可以通过它们了解统治阶级的衣着状况（图6）。

这些埴轮，男女上半身均穿着衣服，男性下半身穿着很宽松的裙裤般的“褌”，女性则穿着和裙子很像的“裳”。《魏志·倭人传》中记载倭人穿贯头衣，用直线形的布遮盖身体而露出头部的贯头衣，是日本原始社会服装的基本形态，埴轮身上见到的上衣和“褌”“裳”的服装，应该是从大陆传入的统治阶级服装。民众在此之后也开始穿着承袭贯头衣样式的坎肩和短摆连衣裙。

造型美术

古坟时代，统治阶级倾注大量心血建成的里程碑式的建筑就是高冢古坟。当初建造的古坟外观，与绿树环抱的现代景观不同。它用石块铺设在坟丘的表面，内部竖排着各种陶制冥器，所以不能将古坟视为美术品。但是，古坟外部竖立着的埴轮，有些呈简单圆筒状，

① 埴轮，排列在古坟四周的陶制品的总称。

它们大多是与被葬者生前生活有紧密关系的人物以及房屋、动物造型，是继陶俑后充分发挥了日本固有的质朴雕刻技术的产物。同时，也由于这种素烧陶器受到材料的限制而显得十分朴实无华，正如前面提到的那样，它反映了日本人实际生活的一个侧面，尤其是从细长而深邃的人物眼穴上我们可以感受到其独特的美感，堪称佛教雕刻艺术出现以前的日本雕刻艺术中的重要文化遗产（图6）。

前面已经提到，古坟随葬品中有着丰富的工艺品。仿制镜背面的狩猎和房屋等浮雕图案，以及古坟墓室石壁上的线刻人物群像等，都可以视为继铜铎表面的线条画之后出现的原始绘画。为了达到用巫术保护被葬者的目的，后期的横穴古坟中出现了绘有彩色圆形、蕨菜形花纹、盾牌、箭袋等图案的物品，甚至还有画着人物群像、长着兽类大嘴的异形人物、立在船头的鸟类蟾蜍等有故事内容的绘画，它们大致可以推测为神话主题。这些古坟被称为“装饰古坟”，不得不说其中的彩色图画，在作为佛教文化的组成部分传入的大陆风格绘画真正得以发展之前，它们丰富了日本绘画艺术初期的历史。装饰古坟大量出现在北九州，可能受到了高句丽壁画的影响，在东部地区也有为数不多的实例。

关于这个时代的建筑，前面提到通过铜镜背后绘有的房屋图案以及房屋形状的埴轮可以看到当时的建筑形态，不过仅此而已，当时的建筑已然不复存在，而比较忠实体现了高床式建筑精湛艺术风格的是出云大社和伊势神宫等具有古老历史的神社大殿。这些建筑虽然是在学习七世纪传入的佛教建筑工艺的基础上诞生的风格样式，但与寺院的伽蓝不同，几乎不施以色彩和装饰，只是由本色直木的结构美来构成简朴而实用的建筑，显示了日本建筑风格的精粹，甚至布鲁诺•陶特都对其美感惊叹不已（图 7）。

图 6　埴轮男女　身穿铠甲的男子像（左）、妇女像（右）
（左图：TPG）

图 7　伊势神宫内宫正殿

第三章

律令社会的文化

律令体制的建立

古代君主制以对朝鲜半岛的军事侵入为契机，令众多分而治之的小国归属大和政权，由此完成了较为松散的统一。之后，随着时代的发展，大王的权力逐渐得到强化，全国增设了大王直接管辖的“屯仓[①]”，大王周围的豪族，既是豪族又是政府官员。六世纪，在直辖的部分领地中，农民变成“田部[②]”从事耕作，并尝试为他们设置户籍，采用班田制的历史前提似乎趋于成熟。

另一方面，在国际上，半岛上的日本势力受到了民族意识十分强烈的新罗势力的抵抗，日渐式微，562年任那官府灭亡。在中国，六世纪末期隋朝兴起，统一了分裂的南北朝，创立了强大的王朝。七世纪，唐朝取代隋朝，进一步扩大版图，展现出建设世界级强大帝国的态势。随着日本在半岛的退败和中国完成统一，大和政权强烈感受到了完善国内体制的必要，借助上述中央权力强化的余力，开始向实现中央集权制的目标前进。

在七世纪初期与苏我马子共同执政的圣德太子的传记中，充满了神话般的渲染，不容易分辨哪些是确切的史料，哪些是太子的业绩，哪些是马子的业绩。制定冠位十二阶，是为了根据个人的功绩授予官职，并荣升爵位，旨在建立官僚体制，可以说已部分完成了要在下一

① 屯仓，朝廷直接管辖的领地。

② 田部，在“屯仓”中从事耕作的农民。

步展开的律令体制的建设。几乎可以确定是由太子制定的“宪法十七条”——尽管也有人认为是伪作——中，强调君主是国内唯一的最高权威，各豪族有忠实服从君主命令的义务。采用据说取自中国道教经典中的“天皇”一词用于大王的称号，并使用“日本”这一国名，也始于大约这一时期或稍后不久。

百济作为日本在朝鲜半岛的唯一据点，于660年被新罗和唐朝所灭，日本吸收中国文化的需求在那之后仍在持续，也未中断与唐朝和新罗的交往。直至临近唐朝覆灭的九世纪末，日本在不断派遣遣唐使的同时，保持了与新罗的交往，从727年（神龟四年）至十世纪初，与在满洲新兴的渤海国也建立了外交关系，与大陆的文化交流开展得十分频繁。

在这样的国际形势下，645年（大化元年）中大兄皇子（天智天皇）、中臣镰足等人发动了大化革新运动，开始按照中国的律令制度建设律令体制。在经历了672年的壬申之乱后，天武天皇即刻强化了天皇政府的权力，不久相继制定了《净御原律令》《大宝律令》《养老律令》等，律令国家的体制得到了名副其实的完善。

律令体制，一言以蔽之，就是将氏姓社会中各豪族依靠固有的世袭特权分散行使的对人民的统治，统一归由中央政府的集中权力来实施。过去视为固有世袭权的豪族统治地位，被重新赋予了律令国家的官僚地位，但是他们的世袭特权在律令制度的框架内几乎不加任何改变地得到了维持，因此，氏姓制度下的阶级结构并未发生根本性的变化，只是通过统治权向中央的集中，进一步加强了对人民的统治力量。

在实行班田收授法后，人民虽然获得了一定数量的田地，但又被课以租、庸、调、劳役、兵役、高利贷等繁重的租税。其中虽有诸如收租和放高利贷等对农业收成的掠夺，但更沉重的负担则来自体力劳动对身体的直接奴役，从这一意义上而言，尽管普通民众拥有“公民”“良民”的身份，但在他们身上并非看不到奴隶的性质。

良民的下面是贱民。贱民中还有私有奴婢，他们被视为财物，如同家畜那样被买卖，不过，在氏姓制社会的时代之后，他们所占的人口比率很低。因此，仅以有奴婢这样的贱民存在为理由而将律令社会定义为奴隶制社会应该是不妥当的。

但是，我们需要注意的是，不仅有奴隶的存在，加之律令社会中主要的生产劳动力是由在国家权力驱使下的“公民”所承担的，这可以说就是一种奴隶制社会，当然，它有别于希腊、罗马等国的古典奴隶制。正如在后面将详细论述的那样，由律令国家的力量创造的文化达到了极高的水准。然而，这一绚烂文化财富的创造，只有在将人民大众置于等同于奴隶的地位、将大量的物资与劳力集中于中央政府这一律令制度的巨大权力和财力的前提下才成为了可能，如果看不到这一点，则无法理解其历史意义。

仅仅因为投入了集权和财力才达到的文化高度，随着集权的弱化而无以为继，这也是理所当然的。律令社会的文化无法朝着应有的方向稳步发展，进入下一个时期后不由分说地发生了方向上的显著改变。无疑，这不仅是律令文化，而且是所有缺乏广大人民大众支持的古代文化所无法摆脱的命运。

律令政府的威力得到最大程度发挥的是天武天皇和持统天皇的时代。进入八世纪，尽管不堪重负的人民奋起反抗，统治阶级面临严重危机和动摇的局面，但是，威胁统治阶级的新的阶级力量完全没有形成，并未构成对律令体制本身的威胁。朝廷仿造唐朝首都建设帝都，继持统天皇的藤原京之后，710 年（和铜三年）平城奠都，无论是大规模建造宫殿，还是圣武天皇大兴土木建造国分寺、东大寺，尽管哪一项工程都面临巨大的困难，但归根结底都是在律令国家的强大实力下才得以实现的。

下面，我将考察从开始制定律令国家计划的圣德太子的时代到八世纪中期圣武天皇为止的律令时代前半期的佛教文化，思考这一时代的文化特色。

大陆精神文化的输入

自弥生文化传入，大陆文化源源不绝输入日本，但直到氏姓制社会前后，大量内容只是停留在生产工具、武器、奢侈工艺品等物质文化的领域。通过从朝鲜半岛渡海而来的人们以及他们的子孙，没有文字的日本开始使用汉字。在日本国内，由文字写成的留存至今的最古老文物，是年代标明为443年或503年传入的纪伊隅田八幡神社的铜镜铭文、肥后的江田船山古坟出土的大刀铭文以及被认为年代为471年并刻有“获加多支卤”人名的武藏稻荷山古坟出土的铁剑铭文（图8）。这些文字，以及在历法传入后用天干地支表示年份的做法，都是日本文化史上具有划时代意义的事件。但是，文字的使用

图8　武藏稻荷山古坟出土的铁剑铭文

仅限于为中央政府记录事务的被称为“史部”的外来人，不用说普通民众，就连统治阶级中的人都还未达到了解大陆的知识体系和宗教的程度。

进入氏姓社会末期的六世纪，百济向日本派遣了五经博士，即解读中国古典的学者，还献上了佛像，这意味着此时输入在大陆文化中也是最高精神领域的财富已经成为可能。虽然六世纪中上述的这些动向并没有在日本文化中孕育出具体成果，但是到了七世纪，对大陆思想的系统了解所结出的果实终于具体地呈现了。

前述的冠位十二阶由大德、小德、大仁、小仁、大礼、小礼、大信、小信、大义、小义、大智、小智十二阶组成，各自授予用不同色彩缝制的冠帽，其名称体现了儒教的道德架构，对应的颜色体现了五行思想，如果没有对中国哲学思想的理解则无法产生如此的创意。同样，前述的宪法十七条中，引用了大量儒家、法家、道家等中国古典著作中的辞章，即便是从类书上转引的，也证明了作者对中国学术理论有着很深的造诣。

圣德太子信仰佛教，他在策划建造寺院——这一点我将在后面论述——的同时，潜心研究佛教教义。正如紧接在后面就会谈到的那样，佛教在日本并不是让人解脱的学说，而是作为消灾招福的巫术得以流传。但是，太子的情况却是例外，至少在他的晚年，对佛教本来的教义有了准确的理解。天寿国绣帐的铭文中有一句他写给妻子的话“世间虚假，唯佛是真”。“世间虚假”这一否定现世的精神，是日本人的固有意识中完全缺失的东西。他通过在现世否定的基础上追求更高生命境界的佛教理论，终于向日本人传播了这种精神。

据记载，太子还为《胜鬘经》《维摩经》《法华经》等三部经典作注，现在仍留存着太子所著《三经义疏》的实物，近来有人提出这部著作乃是伪作。即便它是伪作，仅凭留在天寿国绣帐铭文中的遗言，太子就完全有资格在日本人的精神生活中占据划时代思想家的地位。与希腊哲学始于米利都学派的泰勒斯、中国哲学始于孔子具有着相同意义，可以说日本对哲学的思索始于圣德太子。

但是，一如江户时代的原创思想家安藤昌益孤立于历史潮流那样，太子也是孤独的哲人，他对佛教真正教义的深刻理解在日本复活，不得不等到遥远的后世。

佛教从百济传入日本时，日本人将它理解为“异国之神”。就像今天也有很多自称是佛教徒的日本人所做的那样，六和七世纪的日本人是将佛教当成巫术来加以接受的，这一点并不能认为它与民族宗教的职能在本质上有什么不同。事实上，佛教传入后，也并没有与民族宗教之间发生信仰上的冲突，不仅如此，看一下七和八世纪的记载，有大量事例表明，人们同时在神社和寺院祈求从病患中康复以及消除自然灾害，神社信仰与佛教信仰齐头并进，没有发生彼此妨碍的状况。这是由于人们想通过巫术的力量来应对现世的祸福，只不过这一对巫术的欲求成为相通的主体，并从一方面去神社祈愿，另一方面又去寺院祈愿的行为中表现了出来。概言之，佛教作为与民族宗教没有本质差异的巫术仪式被日本人接受了下来。

最初佛教仅仅是苏我氏等豪族们的私人信仰，从大化革新的前后开始成为朝廷的官方信仰。舒明天皇在皇居边上建造百济大寺，天武天皇将百济大寺迁址后建造了大官大寺，并营建药师寺，进而诏令各国，将诵读《金光明经》定为官方活动，通过这些举措，政府为佛教的兴盛倾注了全力。

朝廷振兴佛教的政策，在圣武天皇时代达到了顶峰。741 年（天平十三年）诏令各国建立金光明最胜王护国之寺即国分寺，接着在平城京营造了五丈三尺高的卢舍那大佛，建起了以该佛为本尊的雄伟的东大寺，天皇亲自在大佛前跪拜，口称“三宝之奴”，可谓到了狂热的程度。

朝廷对佛教信仰的积极态度，出自用巫术来保障律令国家安宁的需求，这点通过朝廷最尊崇宣扬护国功德的《金光明经》（以及新译的《金光明最胜王经》）一事得到了充分体现。这一时代，朝廷对振兴佛教表现出异乎寻常的热情，这无疑是将“镇护国家”的期望寄托在佛教身上的结果。虽然附带产生了祈求身体康复等实现个人愿望的内容，但完全没有考虑作为佛教固有使命的正觉（真正觉悟之意）之道。很长一段时期对国家竭尽卑躬屈膝之能事的后世教团，将“镇护国家”宣扬为日本佛教引以为自豪的特色，而事实上“镇护国家”与提倡个人修行成佛的佛教教义全然无关，仅仅是对权力的迎合，我们必须看清楚这一点。更何况将所谓要“镇护”的“国家”，训读为“MIKADO[①]”，专指掌握政治权力的君主以及隶属于他的政府，所以“镇护国家”，具体而言就是“护持”以奴隶制统治为内容的律令统治体制之意，说它是与否定一切阶级身份、确信所有人都能成佛的佛教本来的立场背道而驰的口号，那也无可置辩。

因此，律令社会中的僧侣并不是承担自由传教使命的宗教家。他们在律令制的统治体系中拥有相当于官僚的身份，管理整个佛教界的“僧纲[②]”是政府任命的官员，没有人能够在不被政府批准的情况下出家，绝对禁止私自出家即“私度”的行为。他们虽然被免除了劳役以及其他租税的负担，但另一方面他们的行为受到法律更严格的约束。

大宝、养老的律令中有一篇“僧尼令”，与“神祇令”并列。“神祇令”是对祭神活动的规定，而“僧尼令”通篇都是约束僧尼行为的禁令，两者形成鲜明的对比。尤其令人注目的是，禁止僧侣在经官方批准的寺院

① 日语汉字写作“御门”，也写作“帝”，包含朝廷、天皇之意。

② 僧纲，全国统管僧尼的官职，分僧正、僧都、律师几个等级。

以外另立道场、聚众宣教，律令政府对佛教的期待只限定在“镇护”律令体制，在人民中间鼓吹佛教信仰有可能唤起人民政治上的觉醒而导致反体制行动的出现，显然这是律令政府所考虑到的。717年（养老元年），政府以行基私自在民间四处传教为由对其惩处，从这一事件中也能看到律令国家体制下的佛教状况。

佛教的社会功能仅限于此，在此等条件下受到保护并成长的律令时代的日本佛教，未能诞生值得一提的思想产物，也是理所当然的。在与大陆的交流中，唐朝的《一切经》[①]几乎全部船运到了日本，当时运来的或抄写的经典中含有大量甚至今天都看不到的内容，手抄和诵读那些经、论、律的行为本身被视为功德，这无非是巫术行为的反复，对内容的研究，也往往仅把它们用作在由朝廷举办的佛会仪式（巫术式）上宣讲的材料。

当时由大陆传入的三论、法相、俱舍、成实、律、华严六大学派（后世称为南都六宗）以及涅槃宗等教义理论都在大寺院的内部进行研究，各派的理论都只是部分学问僧书斋里的学问，与现实生活中活生生的信仰无关，仅仅是案头上的知识而已。八世纪以前的“宗”与后来的天台宗、真言宗以及之后的“宗”不同，它们不是因信仰差异分立的不同教派，只是表述所研究的学术

---

① 即《大藏经》。

内容的团体名称，所以与后世所有寺院都作为某“宗”的据点而专属于该宗派的情况不同，寺院没有所属的“宗”，一个寺院中有几个“宗”杂居在一起，即处于所谓“八宗兼学”的状态。

飞鸟、白凤、天平的佛教美术

在律令国家的积极保护和扶植下的佛教，显示了上述特征，作为宗教思想，很难从中发现本质上重要的内容。另一方面，却诞生了也只有在律令体制巨大权力背景下才能出现的绚烂文化财富，这一点可以说是律令时代的佛教在日本文化史上产生的最大意义。

前面已经谈到，当时的佛教是一种巫术。民族宗教的巫术，发源于农村村落共同体的农耕仪式，相对而言不需要大量的有形设施。但是佛教则不同，由于它从一开始就是统治阶级吸收大陆文化举措中的一环，投入了巨大的财力和劳力，建造大陆风格的雄伟伽蓝、精巧的佛像和佛具被认为是表达信仰的行为，结果佛教振兴政策的推进意味着对佛教文化大规模的全盘移植和培育。

除了主持民间葬礼、祈求冥福的佛事之外，当佛教失去了其应该发挥的社会性功能后，寺院便成了与殡仪馆无异的阴森场所。但是，如果说律令时代的寺院是统治阶级注入了巨大财富来经营的新文化舶来品的中心，却并不为过。

某位文学家说："我想象着，对自古以来的山野和矮房习以为常的我们的祖先，他们站在连做梦都未曾见过的雄伟伽蓝面前，内心会是何等惊诧。""伽蓝不只是雄伟，它还拥有若恒久的火焰般直入苍穹的高塔。""层层叠叠的屋檐线条缓缓流淌，它们在大地的力量与苍穹的憧憬之间轻盈奔放，进而显示出与庄重高雅力量之和谐。红与白的鲜明对比，在屋顶凝重色彩的映衬下，融汇在'力量之和谐'中。""更有犹如真理般宝藏的殿堂镇座在大地之上。""步入殿堂"，"眼前便是支撑天顶的粗壮立柱"。"他们的双眼随即被正面的'偶像'所吸引。""看吧，他那圆润光滑的美妙双肩，清爽而又丰满的庄严胸膛，光洁而又舒展的浑圆臂膀，裹着身体垂直而下的轻盈长衣，还有那张温柔并充满无限慈悲的脸庞"，"那是永生之'佛'的象征"。如此"精湛的艺术""不难想象是如何打动我们祖先心灵的"。驱使他们振兴佛教的"无疑是其艺术的魅力"。尽管这也只是"推测"，然而"没有这样的推测，就无法了解古代的艺术和文化"（和辻哲郎《偶像再兴》）。虽然这篇文章只是对产生艺术的社会基础缺乏了解的诗人的想象，但是，却一箭中鹄地说出了七和八世纪寺院在文化史上的意义，是值得洗耳恭听的名篇。

砖瓦的屋顶、朱红的立柱、有着复杂斗拱的多层大陆式建筑、精巧的干漆镀金铜佛像雕刻、色彩绚丽的佛教绘画、形形色色的美丽工艺品般的佛具，加上固定的设施，在举行法会的日子里，人们在那里面演出充满异国情调的假面剧的佛教音乐，这些将各种艺术领域聚集一体的场所，便是寺院。即便这是专属于统治阶级享受的特权文化，但对于迄今仅创造了诸如质朴的弥生陶俑、古坟墙壁上稚拙的彩色画的日本人来说，学习大陆历经漫长岁月发展起来的真正的雕刻和绘画技术的，不外乎是那些统治阶级的佛教徒们，站在这一角度思考的话，我们必须对当时佛教在日本艺术史上的贡献给予充分评价。

作为汇聚了佛教美术精髓的寺院，首先不得不提到的是苏我氏建造的飞鸟寺（法兴寺）。该寺院，在由百济送来的寺工、瓦工等建造的伽蓝中，供奉着出自外来移居者家庭的佛工鞍作鸟制造的金铜释迦牟尼佛像。它完成于七世纪初期，这里可以说是日本最早的寺院。虽然这尊释迦牟尼像受损十分严重，但现在还留存于飞鸟寺中，经战后对附近一带的发掘调查判明，这一伽蓝的格局，是由佛塔周围排列着的三座金堂[①]所构成。

飞鸟寺建造年代非常清楚，有十足的资格代表美术史上被称为飞鸟时代的七世纪前半叶的佛教文化。只是，现在留存的只有经过多处修补的释迦牟尼像。

今天，飞鸟时代风格的建筑遗产，最具代表性的是

---

① 金堂即供奉佛主像的大殿。

法隆寺（图9）。法隆寺现存的有金堂、五重塔、中门、回廊的一部分、凸肚状的圆柱、草书卍字形的勾栏、云形斗拱等，白凤时代以后的建筑中无法见到这样的风格，因此被认为是飞鸟时代的建筑遗产，围绕它的建筑年代自古以来就有不同的说法。

法隆寺据传是圣德太子建造的，据《日本书纪》记载670年全部被烧毁，最近的研究表明，在距离现在伽蓝不远处残留着比现存更早的伽蓝烧毁的遗迹，因此，由于最初的伽蓝在这个烧毁的遗迹（称为若草伽蓝址）上，毫无疑问，现在的伽蓝是烧毁后重建的。而且，其

图9　法隆寺伽蓝（图片：TPG）

建筑风格大体也比飞鸟时代晚很久。

金堂的正面，供奉着623年为圣德太子祈求冥福时建造的金铜释迦三尊像，带有堪称古典式微笑的古朴庄重的容貌与带有花样褶皱的服饰等非写实风格，充分体现出继承了北魏风格的飞鸟时代的雕刻特色（图10）。同一特色，也反映在同一金堂中的百济观音以及梦殿中的观音立像上。中宫寺以及广隆寺的弥勒菩萨以半跏的姿势陷入沉思的温柔相貌，缓和了飞鸟时代古典样式中的严肃感，这一点也许可以说显示了该作品处于进入下一个时代的过渡期。

图10　法隆寺金堂释迦三尊佛像与北魏的佛像

这一时代的佛教绘画中，仅留存着用名为“密陀僧”的油画料画在“玉虫厨子[①]”上以释迦《本生经》故事为主题的画，以及圣德太子妻子桔郎女在太子死后想象往生天寿国所创作的刺绣图。

飞鸟时代之后，区别于前者，被视为美术史上的一个时代的是白凤时代。事实上白凤这一年号并不存在，但习惯上大都将从天武、持统前后至八世纪初期诞生的风格样式称为“白凤样式”。

最充分反映这种风格样式的是留存至今的平城京原址上的药师寺三重塔和佛像。现在的药师寺，是创建于飞鸟的药师寺在平城迁都后移至此地的。由于原药师寺在飞鸟留了一段时间，因此与法隆寺相同，关于现在药师寺内的佛塔和佛像的年代，即究竟是当初的原物还是平城迁都后建造的，出现了两种分歧的观点。但无论怎样，可以说它们具备了飞鸟时代与之后天平时代过渡期的风格特色。此时，这些作品已经摆脱了中国南北朝时代的风格，开始学习初唐风格。佛塔为三重塔，由于各层皆有外檐，每层的房檐与外檐长短交错，展现了赏心悦目的律动美，让人切身感受到建筑艺术是“凝固的音乐”这句话的内涵（图 11）。

金堂中雄伟的药师三尊佛像（图 12）与东院的圣观

① 安置在法隆寺金堂的宫殿型佛龛，因其饰有玉虫之翼而得名。

图 11　药师寺的三重塔（图片：TPG）

图 12　药师寺金堂本尊药师佛像
（图片：TPG）

音像都是金铜像，垂至底座的衣摆既有飞鸟的遗风，又能从写实的相貌以及透过贴身衣裳浮现的丰满肉体上，看到以留存于宝庆寺等地的唐朝风格为媒介的古老印度笈多王朝的佛像雕刻技法。

从既是真正的佛画中最古老的遗产，又是日本绘画史上一大杰作的法隆寺金堂壁画上也能看到这一点。犹如铁丝般硬朗的轮廓线以及明暗渐进的色彩，令人联想起源印度阿旃陀石窟壁画的外来技法（图 13）。这一壁画，从其风格而言，一般认为是白凤时代的作品，1949 年（昭和二十四年）的一场大火焚毁了大部分的原貌，令人不禁扼腕。

概而言之，白凤时代是在技术层面上由南北朝风格向唐朝风格转换的初期，不愧为律令体制确立期统治阶级热情最为高涨的时代产物，后世评价它比紧随其后的

图 13　法隆寺壁画（左）、印度阿旃陀石窟壁画（右）（图片：TPG）

天平时代的作品洋溢着更加健康和充实的力量。兴福寺的佛头（原在山田寺）也是该时代的杰作之一，每个佛头的眼中都透露出孩童般的秀美神情。

1972年在飞鸟的高松冢古坟发现的男女官员像等彩色壁画（图14），虽然不是佛教美术，但为末期的装饰古坟添上了浓墨重彩的一笔。作为写实的日本风俗画，这幅作品代表了真正世俗画历史的开始，有人说这也是对战后法隆寺金堂壁画遭焚毁的补偿。

以圣武天皇时代为中心的天平时代的美术，包括堪称这一时期伟大丰碑的东大寺大佛殿和大佛在内，最顶尖的作品几乎没有留存下来，因此，很难给予准确评价。但是，在建筑方面有唐招提寺的金堂和东大寺的法华堂。历尽艰辛东渡日本并带来律宗的唐朝僧人鉴真曾居住在

图14　高松冢古坟壁画

唐招提寺，金堂中的无墙明柱群令人联想起希腊的神殿。雕刻方面，留下了大量继承盛唐风格的写实性作品，如法华堂的执金刚像、日月和日光菩萨像、东大寺戒坛院的四大天王像、新药师寺的十二神将像、兴福寺的八部众像（图 15）、十大弟子像等。

虽然同样称为写实作品，天平雕刻的写实风格与镰仓时代不同，被公认为将颂神性融于写实中，发挥了理想与现实成功统一的特色。较之白凤雕刻的雄健，天平雕刻更弥漫着甚至到了神经质地步的细腻情感，这也许反映了律令统治体制的矛盾式发展。

还需注意的是，天平时代的美术中有很多涉及世俗艺术的作品，如迁移至平城京大内里建筑物中的唐招提

图 15　兴福寺八部众之一：阿修罗像
（辻本米三郎摄影）

寺的讲经堂，以及保存着大量圣武天皇日常生活爱用奢侈品的东大寺正仓院的“御用品”等。

以上概述了七和八世纪佛教艺术的状况。正如已经提到的，这一时代的佛教艺术，它所拥有的广阔的世界史背景是无法忽视的特色。这一点不仅表现在各个艺术种类的时代风格上，而且贯穿于每一处细枝末节。例如，在飞鸟时代的工艺品中随处可见的忍冬唐草纹，不仅在云冈石窟的南北朝艺术中能够见到，进而从中亚的突厥、犍陀罗、萨珊波斯、萨拉森到东罗马都能找到其源头，实际上它始创于埃及、亚述，在希腊得以大成，分布于东西两大洋的广袤地域，最后传入远东的日本，这是证明世界文化传播的一个实例。

前面省略了对音乐和戏剧艺术的介绍。天平时代，伎乐、百济乐、新罗乐、度罗乐、大唐乐、渤海乐、林邑乐等外来音乐，与日本的传统歌舞一起在宫廷的宴会和寺院的法会上演出。虽说演奏的究竟是不是与那些国名完全相符的原汁原味的音乐且另当别论，但音乐的种类所体现的广阔的世界性背景，应该说真实反映了七和八世纪的日本文化在世界史上所拥有的超域性。收藏于正仓院的乐器箜篌，与亚述的浮雕上所刻的竖琴完全相同，该事例也充分说明了这一点（图 16）。

被尊奉为日本文化恩师的大唐，不仅拥有辽阔的疆土，也是中国历代王朝中最热爱并大力吸收异国文化的时代，唐朝文化令人感受到浓郁的异国情调。因此，派

图 16　正仓院的箜篌（左）、亚述的竖琴（右）

遣遣唐使并热心学习中国文化的日本，从结果上看，间接吸收了世界文化的元素，这一点并不足为奇。而且，日本的宫廷中不仅有唐人、新罗人，也有印度僧侣婆罗门菩提、波斯人李密翳等西方人出入，这一时代的统治阶级也许呼吸的是国际化的空气，堪比南蛮贸易时代以及明治维新以后的人们。

七和八世纪以佛教为中心的大陆文化，之所以能达到足以令今天的艺术爱好者惊喜的高度，一个原因就在于时人孜孜不倦地追求这种先进文化的进取精神。更重要的是，这些作品并不是今天知识分子所认为的那种单纯的“艺术”，而是出于宗教热忱的产物，尽管在思想上谈不上有什么深度。

假如权力和财富必定能创造出优秀的艺术，那么，为何德川幕府只能建造出诸如日光东照宫那样的低俗建筑？尽管出发点仅仅是为了“镇护国家”这一现世利益，但是自觉意识到在三宝的威力面前一切现世力量皆为空（“现御神[①]”自称是“三宝之奴”充分显示了这一点），这种宗教反省中所诞生的信仰热情，才是飞鸟、白凤、天平佛教美术在质量上达到如此高度的根源。

游离于人民大众生产、生活之外的律令体制下的豪族们，通过谈不上是艺术家的工匠的机械般的分工劳动，不断创造出后世无法超越的美术作品，其成功的历史条件究竟在哪里？时至今日，这仍然是学术研究未能圆满解答的历史谜题。然而，我认为，上述的深入探讨也许可以成为解开此奥秘的一把钥匙。

传统艺术的新发展

律令制统治阶级为大陆文化所折服，不仅是在佛教艺术的层面，也同样体现在模仿隋、唐强大的国家体制、建立新的统治体系方面。迄今只有习惯法的日本，第一次制定出了“律令”这一多达一千五百条的巨大成文法体系，这本身就说明了上述这一点。仿造唐朝的长安建设永久性都城——平城京；建造带有瓦顶和朱红色立柱

① 现御神意为现世中以人的姿态现身的神，特指天皇。

的大陆宫殿建筑样式的大内里；令宫廷中的官员穿上大陆风格的礼服；天皇的日常用品——就像在正仓院中能看到的“御用品”那样——使用从大陆船运而来的或者仿制的镜子、小刀、双六盘、屏风等工艺品；如此种种，大陆文化渗透到了日常的物质生活当中。不过，吸收大陆文化，也只是学习能用海船运来的文化财富，无法移植这些文化财富原产地的社会生活基础，因此，外来文化只是停留在为寺院以及宫廷装饰外表，而没有触及令统治阶级的意识和生活发生变革的深层。

例如，宫廷建筑中，虽然举行公众仪式的大极殿那样的建筑是大陆式宫殿建筑，但是通过后来的平安京的内里——现在京都御所的前身——可以推测，天皇日常生活所居住的大内里，是由丝柏树皮葺顶、原木建造的纯日本式建筑。我们还必须看到在饮食生活方面也完全没有受到中国的影响。尽管原则上律令政府的官员需要在大学里学习儒教经典，通过考试后才能获得任用，但实际上实行的却是“荫位制”，名门望族拥有世袭官职的特权，因此，真正掌握儒学修养的人只是少数的行政官僚。而且，他们也只是读了儒教的经典，并不是应用儒教的思想。与此相比，人们的热情更在于将中国的经典当作文学来学习，皇族以及高级贵族中出现了创作汉诗的人，甚至编辑出了《怀风藻》这样的诗集，不过，无论从数量上还是质量上，都无法与和歌相比。

统治阶级尚且如此，更不用说普通民众，他们与有闲、奢侈的大陆文化无缘也是理所当然的吧。他们中甚至出现了如行基那样违反禁令为传教游走民间的僧侣。建造寺院和佛像必须要有财力，于是诞生了这样的习俗，即成立称为“知识”的信徒团体——类似于后世的“讲”，并由他们筹集零散物资来建造。佛教也通过这一途径渗透到了民众中间。正如从九世纪药师寺的僧侣景戒所著的《日本灵异记》中读到的那样，将朴素的愿望托付于佛主的民间信仰得到了发展，民间信仰的发展历史成为后世创造大众佛教的历史源流，这一点十分重要。但是，我们也不能忽视，民间佛教中，外来文化的色彩比统治阶级的佛教更加淡薄。

随着成文法的诞生已完成向父系家长制转变的中国家庭道德，也成为日本律令中的条文，同时形成了大量规矩。如规定发生不生育、争风吃醋等情况时，只要满足一定的条件，丈夫就能凭单方面的意志将妻子逐出门户，即“七出”，对父祖不尽孝赡养的子孙要受到处罚等，但是，嫁女婚尚未普及，在走婚制仍在持续的时代，想要维护这样的家庭道德从一开始就无法畅行无阻。男女关系，延续了前代极其开放的传统，因此，即便有一定的约束——如婚姻必须得到长辈的同意，发生先恋爱后结婚的情况时，就算不构成犯罪也必须离婚等条目，最终也成了和现实无关的法令上的一纸空文，这也在情理之中。

正是这种在性观念上不受束缚的开放性，最完美地阐释了不被伪善的性道德所扭曲的古代日本人健康的一面。这一时代最高的文化金字塔，即与佛教美术并称为双璧的《万叶集》，之所以充斥着大量的爱情诗歌也是因为这个缘故。本居宣长自豪地认为，与汉诗中缺少爱情诗歌相反，和歌中爱情诗丰富多彩，此说并非没有道理。

《万叶集》中收录了多达四千四百首诗，不仅有贵族的，也有无名民众的作品。这样一部巨型诗集的存在，可以说是最好的明证——证明了七和八世纪的日本文化中，传统文化在外来文化压倒性的优势面前坚韧地存活了下来，不仅存活了下来，而且实现了超越前代的更蓬勃的发展。柿本人麻吕的巨幅长歌可以说对应药师寺金堂药师三尊佛的雄伟、山部赤人以及大伴家持等人细腻雅致的作品对应东大寺戒坛院四大天王和福兴寺八部众像的纯熟，说明日本人的艺术才能超越文学艺术与造型艺术、传统文化与外来文化的领域性差异而日趋成熟。

那么，促成这一时代的艺术走向成熟的历史原动力是什么呢？究其根本，可以归结为正在推进统一国家制度化的古代国家上升期的社会发展趋势，尽管体制内部存在着巨大矛盾。如果仅限于上层结构的内部而言，也可以归结为对吸收外来文化的强烈欲望以及与传统文化强大生命力之间反作用力的均衡。

在吸收印度阿旃陀石窟壁画技法的同时，端庄清丽的法隆寺壁画获得了成功，它与感官上极尽华美的阿旃陀石窟壁画有着迥异的风格。如果说这一日本人的独创性，反而在外来文化新鲜感的刺激下迸发出了活力，令传统文化实现了飞跃性的发展，也不算是悖论吧。《万叶集》中的和歌当然是传统文学，但是之所以这种不定型的只是用耳朵倾听的歌谣，能发展成为有五七调固定形式的并能用眼睛来阅读的长歌、短歌，如果忽视了五言以及七言等拥有固定形式的汉诗的影响则根本无从谈起。姑且不论和歌中的七夕、神仙等素材采用的是中国文学知识，单就用汉字创作和歌这件事本身，假如不是大陆文化的影响又能是什么呢？

如前所述，早在渡海而来的外来人的影响下，日本形成了用汉字写文章的习惯，但如《万叶集》般广泛使用汉文却是划时代的现象。汉字原本是用来记述汉文的表意文字，但是日本人却创造出了使用完全异质的汉字来表述日语的方法。其中既有将汉字的意思直接用于与之对应的日语——如将“山”训读为“yama[①]”，为了更准确地表述日语，还创造了利用汉字的方法，即舍弃汉字原有的意思，用于没有意义的音标文字，这不得不说是一项更为卓绝的发明。这就是所谓的“假名”。由于使用于《万叶集》中，故称之为“万叶假名”，结果它成为没有自己固有文字的日本人在自由书写日语时不可或缺的工具。这就像哥伦布竖鸡蛋的故事一样，事后

① 日语训读“山”的发音。

想来一切似乎都那么顺理成章，但由此可以看到日本文化与外来文化交流的一种典型形态。

平安时代的文化

直至 894 年（宽平六年）中止了对遣唐使的派遣，这一时期从形式上来看，继续努力吸收大陆文化，在政治上，也大致到这一时期为止，姑且保持了律令体制的功能。因此，从 794 年（延历十三年）的平安奠都以后至九世纪，即平安时代初期，从大局可以看作是律令社会，但无论在政治方面还是文化方面，越来越强烈地呈现出与七和八世纪前后不同的发展趋势。

律令制的土地公有原则逐渐变得有名无实。贵族、寺院等权贵的私有领地即庄园的发展愈加显著，不堪重负的民众逃离后，口分田不断流入庄园。律令制度也由于遭到人民的消极抵抗而难以摆脱解体的命运。另一方面，中央政府内部，官僚政治的力量日趋弱化，藤原氏开创了世袭摄政、关白的先例，获得了事实上与君主同等地位的要职，压制处于竞争地位的其他贵族诸氏，造就了藤原氏独裁的贵族政治时代。高官的巨额俸禄和从遍布全国的庄园获得的收益一起，成了支撑贵族阶级独裁的经济基础。

在这样的历史变迁中，即便在文化领域，贵族文化的色彩也变得日趋浓重。最澄（传教大师）和空海（弘法大师）两位僧侣，平安奠都不久便奔赴唐朝留学，在学习了大唐佛教最新理论后满载而归，前者在比睿山建造延历寺开创了天台宗，后者以京都的教王护国寺（东寺）为据点开创了真言宗（之后在纪伊的高野山创立金刚峰寺，并在此地圆寂），成为平安佛教的开山鼻祖。两人虽然都打着“镇护国家”的旗号，但与前代处于僧纲管制下的寺院不同，他们的寺院作为以信仰为中心而结成的宗派性教团，无论在精神上还是经济上，都向获得独立地位的发展方向迈出了一大步。当时还没有进入到在人民大众中建立宗教组织的阶段，因此，天台、真言二宗只能选择让贵族成为檀越（后世的檀家[①]）以寻求保护，为满足贵族们对现世的欲求而祈祷成了平安佛教最重要的职能。

平安佛教二宗中，天台宗原本是信仰法华经的宗派，但不久便被称为“台密”，成为以密教元素为主的宗派，与东寺的密教——真言宗并驾齐驱，使密教成为平安贵族信仰的中心。通过加持祈祷这一巫术的仪式满足现世欲求，拥有这一功能的密教，由于能充分满足为谋求升官和扩大庄园等现世利益而奔走的贵族们对宗教的期待，从而作为平安初期的宗教达到了全盛的顶峰。

与此同时，佛教美术中，密教美术也占据了主流地位，密教特有的大日如来像、如意轮观音像，以及表现

① 檀家即施主之意。

愤怒容颜的不动明王、五大力吼像的天部像中，有不少富有特色的作品，尤其是妖娆的观心寺如意轮观音像、表现威武勇敢姿态的园城寺的黄不动画像（图 17）等作品，被公认为这一时代的最高杰作。雕刻美术中，与天平时代不同，大量作品中蕴含着强劲的精神力量。之所以木雕佛像取代金铜佛和干漆像成为主流，最近的研究表明，也可能是以下原因造成的结果，即行基等在民间默默坚守信仰的僧侣们，为贫寒的佛堂制造朴实的木雕佛像技术日趋精湛，从而取代了前代官方大寺院佛像制造所的技术。

这一时代，由于没有出现如《万叶集》那样的大型诗歌集，因此没有很多和歌作品留存下来。汉文学教养在官僚世界里广泛普及，汉诗、汉文的写作成为风潮，继奈良朝的《怀风藻》之后，陆续编辑了《凌云集》《文华秀丽集》《经国集》等汉诗集，涌现出空海、小野篁、都良香等作家。但是，汉文学的兴盛基本上只是表面现象，人们依然大量写作和歌，对假名的使用也逐渐盛行，这个时代可以说已经为后一个时代假名文艺的发展做好了准备。最近从藤原宫遗址发掘出了七世纪末以来写有文字的大量木简，其中能看到和后世的片假名相同的字形，假名的起源似乎可以追溯到相当古老的时代。

图 17　园城寺的黄不动画像[①]

① 全称为“金色不动明王画像”，日本三大不动明王画像之一。

第四章

贵族社会的文化

贵族社会的特色

在律令体制自身发生质变后而形成的贵族社会统治阶级，是律令制高级官僚的后继者，再往前追溯的话，可上溯到氏姓阶级（例如藤原氏是中臣氏的后继者）。自从天皇制度下的统一国家成立以来，天皇政府的统治阶级，尽管各种构成元素不断发生变化，统治形态也出现了历史性转变，但是在实体的层面上仍然保持了一贯的连续性。从宏观视角观察可以发现，从四至十二世纪初期，古代社会存在于相同的统治体制下，但是，从摄政政治诞生以后，贵族社会还是清晰地呈现出与律令社会不同的特色。

在律令体制下，贵族也有官僚的一面，他们对参政有着自觉的意识，同时，他们作为官僚，以政治为媒介与人民多少有一定的接触，因而保持了弥生时代以来豪族与农民之间共同的生活元素。之所以经由贵族之手编撰的《万叶集》中编入了众多生动反映大众生活的作品——如属于东国农村民谣的“东歌”、从东国被强征后奔赴西海的“防人[①]”的歌谣等——也是出自上述的理由。然而，进入贵族政治时代以后，贵族们作为官僚的自觉意识几乎荡然无存，他们将实际政务交由下级官员承担，而自己仅负责每年例行公事的官职任免，举办仪式、游乐、宴会等活动，除此之外别无他干，从这一角

① 防人指古代守卫九州的兵士。

度来看，贵族也失去了与人民大众之间的现实联系。不仅如此，贵族与其政治、经济基础——地方农村的关系也一样，将地方政治交由前往赴任的官员、当地的官员，将庄园的管理权同样交由当地的领主或者庄官掌管，自己则身居都城，在庄园的收益中获取一部分利益。他们只是名目上的最高权利人，这一点也表明，贵族与地方农村的联系已经实质性地切断了。

除了实际赴任地方官的中下级贵族，贵族们蛰居平安京城，醉心于春花秋月，专注于加官晋爵，沉迷于渔猎女色，变身为有闲阶级。其结果，这一时代的贵族文化，无法避免地变成了视野极其狭隘、缺乏创造性、消费色彩浓郁的东西。

这一时代的末期，直到为了顺应新形势的需求，大众文化得以恢复地位——我在后面将详细叙述这一点——为止，贵族文化中，从事农业生产劳动的大众生活几乎被彻底忘却了。当然，虽说是贵族，只要其地位建立在农业生产成果的基础上，那么就无法无视农耕生活，他们创作的诗歌、爱好的绘画，常常出现耕作中的农民的身影，但是他们对农民在生产劳动中的喜怒哀乐缺乏了解，只是将农民作为四季风物中的一个点缀放入作品，其意义与将花月、鹿雁用于素材毫无二致。

平安京、京城周围的山水、蛰居其中的贵族阶级封闭的生活，这就是贵族意识中的全世界，他们将除此之外的广阔地域里的景观、隶属于不同身份和不同阶级的人的生活当成异质的、不是这个世界里的东西，搁置在视野之外。

在中止派遣遣唐使不久后的907年（延喜七年），唐朝，随其后的是新罗、渤海国相继灭亡。与日本有过交往的远东诸国灭亡后，日本没有与五代、宋的各王朝建立正式邦交，处于近似锁国的状态，这使得统治阶级的视野变得更加狭隘。他们无论在国际上的还是国内生活中的外延都急剧缩小，这必然对文化的发展产生巨大影响。

贵族们在他们有限的世界内，最大限度地让自己的文化才能成熟起来。事实上，他们从政治的桎梏中解放出来，获得了沉湎于精神生活的闲暇，在多年文化积累与沉淀的基础上，培养起了纤细的感受力，从而创造出了尽管方向极端倾斜却是后人难以赶超的文化。并且，在杜绝了海外文化大量流入的这一时代中，贵族文化不再如律令贵族所创造的佛教美术那样直接来自大陆输入，而是直接与我们日本人的生活休戚相关，是有着浓郁日本特色的所谓国风文化。尽管其中存在着各种问题，但是摆脱大陆而取得文化独立，文化质量也提升到了优秀的高度，这些功绩应该在日本文化史上特书一笔。

贵族文化，虽然有着强烈的阶级倾向与时代局限性，但它也存在着为后世不同阶级的人所热爱的普遍价值，作为其成功的历史条件，不得不提及在这一时代也存在着继承前代传统的走婚的事实。正如前面提及的那样，这一时代中贵族与农民的隔绝，客观反映了阶级分化的加剧，但在家庭生活的层面上，原始社会以来的母系家庭形态并没有完结，维持了由夫妇分居造就的妇女独立，未能完全实现女性隶属男性的社会制度。财产由包括男女在内的子女共同分割和继承，女性成为庄园主的事例也不在少数。

藤原氏由于成为天皇的外戚而获得了摄政、关白地位，开创这一先例带来的结果是，后宫在宫廷内的重要性提升，从聚集在宫里的宫女中不断涌现出拥有卓越文化才能的人。

与封建社会以后相比，此时女性拥有甚高的社会地位，但是与古代社会中作为生产劳动主力的普通女性不同，没有特定社会性功能的贵族女性，除了是男性的性爱对象外，缺乏存在的理由，从这一点来说，她们所处的地位是极其脆弱的。并且，丈夫拥有随时中止走婚并转向其他女性的自由，因此，分居的妻子比同居的妻子更加怀有可能被抛弃的不安，感情上总是难以摆脱被丈夫所左右的忽喜忽忧的状态。

女性的这种苦恼在她们的心理上笼罩上了微妙的阴影，当她们开始实践文化创造的时候，挖掘精神深层并在作品中表现出来便成为可能，这不也正是用以补偿这一时代的贵族文化在外延上的局限而创造出具有质量深度文化的条件之一吗？

我们不能不看到，不仅女性相对男性而言处于弱势，总体上，整个贵族阶级在社会层面上也未必是强有力的存在。

不直接控制农村，即可称为“不在地主[1]”的贵族们可以说悬浮在空中，面对在农村内部勇敢站立起来的大众，他们注定要接受灭亡的命运。早在939年（天庆二年）就开始的“天庆之乱”等地方上的骚乱，以及在城乡都并不罕见的强盗团伙横行等治安上的混乱，无疑都是动摇贵族统治体制的不祥前兆。农业生产力的提高带来的地方权贵的成长，以及出自他们中间的武士的兴起，带来了封建社会关系的产生，在客观上成为导致古代社会从内部瓦解的主因，贵族们恐怕早就觉察到了这样的历史进程吧。这个时代的贵族，之所以一方面表现得格外傲慢，另一方面又极为意志消沉，倍感无力，他们信奉阴阳道、宿曜道等迷信思想，沉迷于禁忌、占卜方位、斋戒等消极的除灾避邪方法，这固然是因为他们在拥有异常成熟的艺术才能的同时却极其缺乏科学知识，从而愈发依赖于原始社会以来的巫术。另一方面，我们还必须了解，从根本上而言，这一切都是由上述的历史条件所导致的。

极其缺乏安全感的生活，让他们意识到统治阶级在物质上的优越性并不能绝对保障自己永久的安宁，由此产生了对超越现世欲望的精神救赎的追求。如果不提这一谦逊的反思贯穿于整个时代的文化中，那么就无从解

① 不在地主指拥有农地但不生活在农村的地主。

释从这一时代的贵族文化中所能感受到的尽管不充分却十分普遍的人性。

物语文学的繁荣

贵族社会中的日本文化的繁荣，首先在文学艺术的领域中绽放出绚烂的花朵。物语文学的繁荣就是其中之一，使之成为可能的便是“国字[①]”的发明。

我在前一章已经说过，自七世纪以来，日本人舍弃汉字的意思，在用以表示日语音韵的音标文字上下足了功夫并大获成功。在长期使用万叶假名的过程中，人们简化了复杂的笔画，为了不受汉字原有字形的束缚而创造出了新的字形。其中一个方法便是“省略法”。即省略笔画，只用汉字的一部分来取而代之。例如只留下“阿”的左偏旁写成“ア”、只保留“礼”的右偏旁写成“レ”等。它们原本主要作为符号，用于学生和僧侣在学习中国古典和佛教经典时记笔记和标注训点，不久便为普通人所使用，这就是片假名的起源。片假名的“片”是“不完全”的意思，片假名无疑就是简化的假名之意。

还有一个简化的方法是将整个汉字写成草书。例如将“安”草写成“あ”，将“礼”草写成“れ”，现在称

① 日语中所说的“国字”一般泛指日语中的假名和日本人创造的汉字，这里特指假名。

为“平假名”的就是这类假名。平假名是后世起的名称，当时并不存在这种称呼。

片假名和平假名就是通过上述方法将汉字简化后创造的。它们在始于八世纪前后的数百年的漫长岁月中，经历了许多人为了实际运用上的便利而逐渐简化汉字并最终使之固定下来的过程。事实并不像人们所说的那样，片假名出自吉备真备、平假名出自弘法大师的创造，它们不是特定个人创造的产物。因此在字形上，假名也不存在一个形只对应一个音的规则，现在使用的片假名和平假名固定为一音一字形，完全是活字印刷使其定型，这是很晚以后的事了（当下将现行字形以外的字形称为“变体假名”，原来并没有任何所谓变体之类的说法）。

就这样，日本本身虽然没有创造出固有的文字，但是通过对外国文字汉字在功能及形态上进行根本性变革，形成了用以书写日语的音标文字。只使用象形文字或表意文字与使用音标文字，这些与文化的发展究竟有多大关系，那是无法估量的。我只能说日本人创造出片假名和平假名的历史意义重大。

尤其是贵族社会文学艺术的繁荣，如果没有这一前提是根本不可能实现的。醍醐天皇制订了在宫廷中编辑自《万叶集》以来尚无先例的歌集计划，那便是905年（延喜五年）由纪贯之、凡河内躬恒、壬生忠岑等人所编的《古今和歌集》。原本只是为个人使用方便而对文字进行简化后的假名，从这一时期开始堂而皇之地成为公用文字。以此为契机，用假名写作的文学艺术作品络绎不绝地涌现了出来。

迄至平安时代末期，以《古今集》为先导的官撰歌集即敕撰和歌集有:《后撰集》《拾遗集》《后拾遗集》《金叶集》《词花集》《千载集》(加上镰仓初期的《新古今集》合称为“八代集”)。在当时人们的意识中，除汉文、汉诗之外，唯有和歌作为纯文学是贵族豪绅们应该具备的修养，诗歌被收入敕撰集中是歌人至高的荣誉。不过，现在来重读这些作品的话，若要评价平安时代的歌集具有很高的艺术价值也有些勉为其难。院政时代以后问世的《金叶集》以及《千载集》等作品，又有着别样的意趣，但初期的敕撰集中存在许多乏味的作品。

《万叶集》中有大量表现大众淳朴情感的作品,但《古今集》以后几乎都是贵族阶级的作品。并且，在万叶时代，不问阶级，越是古老的年代从内心深处迸发强烈情感的作品则越多，而到了《古今集》的时代，创意僵化的作品多了起来，双关语以及典故等手法的运用，使得文字游戏的色彩愈加浓厚,缺乏打动后世读者的感染力。当然，其中也有如和泉式部所写的洋溢着热恋情绪的和歌，它令人联想起《万叶集》中的作者茅上娘子充满激情的作品，不过这只是个特例。

贵族社会文化中，达到最高水准的不是和歌而是物语，当时物语与其说是文学艺术，毋宁说更被视为娱乐读物，仅居于第二艺术的地位。如果勉强要将物语划归现代文艺种类的话，应该相当于小说吧。不同于现代小说从西方“novel”的译本中吸收了外来模式，古代物语则是从民间的“口传故事”演变而来的。尽管其中也有作家将汉文学以及佛典的素养用于素材和表现手段，但在种类上却是外国所没有的，是日本民族的独创，尤其值得特书一笔。

《古事记》等虽说是历史书，但在中国等国家没有类似的形式，也可以称作物语，但从并非个人创作这一点而言，它与平安时代的物语存在着根本性区别。由于之前只有万叶假名一种繁琐的书写方法，没有机会用文字固定下来的口传民间故事，以假名的诞生为契机，经过擅长读书写字的知识分子之手，在变换了一种形式后作为个人创作的作品固定下来，这就是平安时代物语的起源。

在《源氏物语》中被称为“物语鼻祖”的《竹取物语》，讲的是来自竹子的神灵孩子的故事，她在经历了人世间各种遭遇后回到神的世界。该故事以民间口头传承的故事内容为骨架，加入了也是众多故事中常见的多个男子钟情一个美女的情节，这一点清楚地表明，该物语无疑是对民间口头传承故事的重新创作。主人公“伐竹翁”是在山林里从事生产劳动的平民，也可以看作是一种证据，即该物语的素材来自民间，还没有被彻底贵族化，尚处于一个过渡阶段。到了稍后的作品《落洼物语》时，《竹取物语》中的平民元素已经被清洗一空，它用写实手法竭力描绘了贵族生活的内幕。但是构成该故事主题的欺凌继女的构思，却是民间故事中常见的类型之一，因此它也不是与民间故事无关的作品。《宇津保物语》起始部分所写住在宇津保的母子的故事，无疑也取材于民间。甚至《源氏物语》这种创作占据压倒性比重的作品，也在某些部分中包含了不少来自民间口传故事的元素，如玉鬘游走于地方并在历经千辛万苦后出人头地等故事。

物语起源于民间口头传承的故事，这一点毋庸置疑。另一方面，《宇津保物语》以及《源氏物语》中也含有为数众多的和歌，它们在故事的发展上发挥了不可或缺的作用，这一事实可以从物语的另一个源流——“歌物语[①]”中获得明证，“歌物语”则推进了和歌中的“词书[②]”的发展。《伊势物语》以及《大和物语》等以和歌为主集成的短篇物语作品，与《竹取物语》共同站在物语历史的最前列，我们可以从中观察到，物语文学的发展建立在民间口传故事与歌物语相互交融的历史源流上。

《宇津保物语》中已经有了口传故事元素与歌物语元素的交融，成为前所未有的长篇作品，甚至为后继的

---

① 平安时代以和歌为中心编撰的短篇物语。

② 写在和歌前的文字，说明写作动机、主题以及写作时间、地点等相关情况。

巨著——《源氏物语》的诞生奠定了基石。但是，正如《宇津保物语》的研究者们所指出的那样，这部物语中，由以居住在宇津保的俊荫母子传奇式的故事为中心展开的前半部分，和以让位之争为中心展开的后半部分组成，中间还插入了围绕贵宫的求婚故事所展开的各种情节，它们之间缺乏内在的联系，只是十分机械地连接在一起，缺少贯穿整个故事的明确主题。该物语中还包含了被认为是强烈批判了贵族消费生活的独特思想，这一点让人感到它反而比《源氏物语》更多角度地汲取了社会素材。尽管如此，还是难以否认作品在整体上的支离破碎。

《源氏物语》也存在着整体结构较弱的问题，难免让人感觉它是由短篇物语串联起来的。但是，作为由主人公以及他身边数十个男女的复杂人际关系交织在一起构成的人生缩影，将贯穿于光源氏的一生以及与下一代之间的两代人爱欲纠葛的历史几乎不露破绽地写进了一部著作中，可以说《源氏物语》作为一部长篇巨著的尝试取得了《宇津保物语》未曾取得的巨大成功，从而登上了物语文学所能到达的巅峰。《源氏物语》最大的长处与其说在于长篇故事的创意，不如说在于它非常准确地刻画了长篇故事中众多登场人物的个性，以及细致入微地描绘了人物的心理纠葛，展现了并不逊色于近代小说的写作能力。带着民间故事躯壳的早期物语，很容易停留在人物概念化的外表言行上，我们可以从《源氏物语》中看到迥异于早期物语的特色。《源氏物语》之所以能够取得如此的超越，我们必须在稍稍远离民间口传的物语系列中寻找其先例。对于先于它的历史性成果，我们可以举出日记，尤其是女性笔下的日记文学。

日记，原指政府机关制作的公文记录。在将政治抛于脑后并沉湎于仪式、游乐和宴会以后，为了给后世留下旧有的典章制度，贵族中开始盛行撰写私人日记。这些日记全部使用汉字，是国文调的汉文（反过来说就是汉文调的国文），也仅是用于事务性的记录。但是，在纪贯之使用假名带有半创作性的旅行日记《土佐日记》诞生以后，便开创了“日记”这一文学种类，受到女性的关注，出现了诸如藤原道纲母亲创作的《蜻蛉日记》等优秀作品。

《蜻蛉日记》的作者是显赫一时的关白藤原兼家的妻子。作者身为下级贵族受领的女儿，虽然嫁入了拥有最高权力的贵族豪门，但丈夫另有正室，她为在外夜夜笙歌的丈夫“独守空房”而备受煎熬。该日记细致入微地追述了处在悲剧命运交叉线上的作者自身微妙的心理活动——一方面是生活在走婚制下的女性所背负的命运，另一方面却是正因为走婚制才得以确保的女性精神的独立，这是一部非凡的日记文学作品。

《源氏物语》的作者紫式部也写过一部《紫式部日记》，尽管没有《蜻蛉日记》那么气势恢宏，但也犀利地刻画了与丈夫死别后出仕后宫（宫中皇后生活的地方）的知识女性自我意识觉醒后的苦闷心境。她应该是借鉴了在《蜻蛉日记》中大获成功的人物内心世界的描写手法，从而将《源氏物语》的写实性锤炼得炉火纯青。

《源氏物语》中也包含着早期物语血脉中流淌的民间故事的传说元素，不过，这部著作中几乎看不到追求超自然和怪诞的倾向。作品自始至终用细腻的写实手法描绘平凡贵族的日常生活。被设想为物语读者的宫廷男女们，或许能从故事中看到自己生活的投影，当他们沉醉其中时或许就与故事中的人物合二为一了。尽管这部巨著被后世尊崇为日本最伟大的古典作品之一，在诞生之时也只是妇女儿童聊以“消遣”的娱乐性读物，不得不居于前面提到的第二艺术的地位。这是因为它甚至与读者的现实生活之间没有界线，自始至终忠实描绘了现实生活的原貌，对妇女儿童有着巨大吸引力，这些读者已经厌倦了不可能发生在现实生活中的虚构出来的民间故事（在这一点上，与无条件吸引了妇女儿童的物语不同，极其沉闷的和歌需要繁杂的技巧和鉴赏力，因此占据了高格调的第一艺术的地位）。我们之所以能从这部作品中感受到其他任何基本史料都无法再现的王朝贵族的生活状态，全都仰仗于它的写实性特征。

并且，《源氏物语》没有只停留在平面的现实描写上。作者巧妙运用不破坏客观描写的物语写作手法，随处插入建立在对男女关系、生活技巧以及诗歌学、音乐、美术等各种文学艺术真知灼见基础上的人生观、文明批判。

不唯如此，它不以赤裸裸的哲学理论的方式登场，而是在整体结构中蕴藏了让读者自身来领悟的严肃哲理，即哪怕如光源氏那样无论在出身、容貌、才能都具备了唯有贵族才有的最完美条件的超人般的人物，在人所无法掌控的宿命面前，也只是一个微不足道的、有限的存在。这也反映了作者的人生观，她本能地感受到，在象征藤原道长心境的和歌中所表达的“此世即吾世、月圆满无缺”这一贵族的统治权威，也必将在历史的发展中消亡（光源氏无疑是以藤原道长为原型所创作的）。总之，我们无法否认《源氏物语》不是仅将日常生活中的平凡故事串联起来的肤浅的写实小说，而是以历史的眼光对世界所作的深刻反省，也是伟大的世界观在文学艺术上的反映。

在与《源氏物语》的上述特征进行比照时，人们常常举出清少纳言的《枕草子》，尽管不能说《枕草子》的辉煌可以比肩《源氏物语》，但是清少纳言以奇特的感觉对现实诸多层面进行把握的非凡创作才能，同样令人赞叹不已。

被视为《源氏物语》创作年代的十一世纪初期，是藤原道长的荣华达到顶峰的时期，也是贵族社会的全盛期。之后，以藤原氏为中心的贵族势力开始逐步走下坡路，物语文学也以《源氏物语》为顶点，渐渐丧失了其原有的艺术魅力。

在《更级日记》中宣称自己因阅读《源氏物语》而

心潮澎湃的菅原孝标女儿创作的《浜松中纳言物语》《夜半梦醒》以及作者尚不明确的《狭衣物语》等作品，虽然堪称继《源氏物语》之后的优秀作品，但谁都能一眼看出，它们只是对《源氏物语》的模仿而难以与之相提并论。

直到镰仓时代为止，虽然出现了大量模仿《源氏物语》的所谓“拟古物语”，但几乎没有见到让后人喜爱的拥有长久生命力的作品。仅有以通称为《堤中纳言物语》的书名流传下来的短篇物语中，闪烁着短篇小说奇思妙想的光芒。反而在不成为物语的日记文学的领域里，留下了些许比那些只会拙劣模仿《源氏物语》的物语类著作更令人回味的作品，这一点充分说明了只有作者的现实体验所产生的真切力量才能打动读者。

平安晚期的作品中，《成寻阿阇梨母集》可谓是一部杰作，它描写了老母思念在中国的游子的深切亲情。镰仓时代的作品中，《独白》则独擅胜场、大放异彩。它是一部沉醉于奔放、热烈爱情中的女性自传。

以《源氏物语》为最高峰的物语文学，虽然是贵族社会的产物，其内容表现了贵族社会独特的人情世故，但因其丰富的艺术价值，在之后的从封建社会到近代社会中，始终被尊崇为民族经典，为各时代、各阶级和身份的人所欣赏，有时是武士，有时是商人，有时是近代知识分子。不唯如此，物语文学甚至发挥了母胎作用，孕育出完全不同的艺术种类，这一点从西鹤的《好色一代男》、柳亭种彦的《偐紫田舍源氏》、谷崎润一郎的《细雪》等作品中清晰地反映了出来。

犹如律令时代的佛教美术正是唤起明治时代日本美术院人士发动美术复兴运动的动力那样，我们不也应该将这一时代的文化看成是超越时代与阶级制约的民族文化传统的历史形成力吗？下面我想谈一下拥有这一力量的，堪称贵族社会的又一文化遗产的大和绘，尤其重点谈论画卷。

画卷的发展

正如前面提到的那样，日本很早就出现了原始绘画，如弥生时代的铜铎、古坟壁画等，但是在纸张上以及丝绸、布匹上用墨以及绘画用具创作真正意义上的画，还是在学习了大陆绘画技能以后的事，首先，它们作为佛教美术的一环开创了日本绘画的历史，这已经在前一章中进行了叙述。

佛画，基本上都是以固定的形式描绘佛、菩萨及其背景，因此，在主题上日本人几乎没有自己创作的余地。另外，与佛教美术一起，中国的帝王、宫殿、山水等世俗画似乎也传到了日本，据现存的记载，圣武天皇使用的屏风上有这种画作，在崇尚汉文学素养的九世纪前后，日本画家中似乎也很流行画这类作品。但是不难想象，那时也只有用中国式技法来画中国式主题，因此除了模仿别无他法。

十世纪起，绘画主题上出现了用写实技巧画日本风景、风俗的作品，画风自然也变成了日本式，从而形成了成为日本画源流的“大和绘”这一独立的领域。大和绘，起初是相对画中国风景、习俗的“唐绘”而言的称呼。与其说它指的是绘画风格，不如说它只是用来表示画的是日本题材，但其题材逐渐变得不只限于日本，佛画也开始呈现出大和绘的特色。

1053 年（天喜元年）落成于宇治平等院的阿弥陀堂（现称为凤凰堂）中的壁扉画，画的是阿弥陀佛为迎接念佛行者而从天上翩翩降临。尽管这是一幅被称为“来迎图”的佛画，但其背景中的风景让人感到是对宇治周边山水的写生，忠实地表现了日本风景的特色。发展到了这种程度，可以说它超越佛画与世俗画的界线，成为典型的日本画。

造型美术的日本化，这是在各个领域中都能见到的现象。就拿雕刻来说，十世纪前后，日本式的、容貌温和的佛像增多了起来，由佛师定朝制作的凤凰堂内的本尊即阿弥陀佛像等，可以说是具有代表性的例子（图 18）。不过，在此我想用最能说明日本化现象的“大和绘”来阐明这个时代艺术界的大趋势。

大和绘的作品中，主要有障子（即今天的隔扇，古代没有今天这样的采光移门）绘和屏风绘，它们与贵族的住宅生活方式有着密切的关系。

贵族的住宅一般是被称为“寝殿造[①]”样式的建筑。房中铺设地板，只在人坐的地方铺有榻榻米，面积很大的房间里没有隔断，根据需要用屏风或围屏来分割。因此，对于诸如此类的家具需求远多于后世。并且，贵族中有很多人具有高雅的艺术品位，所以往往由一流的画师在障子以及屏风上妙笔生花地画上大和绘。也就是说，

图 18　凤凰堂的阿弥陀佛像（图片：TPG）

① 寝殿造是平安时代高级贵族中流行的住宅样式。中央寝殿朝南面对庭院，两侧有东西配屋，并由游廊连接起来。

他们每天躺着就能享受到我们今天在展览会上才能拥有的艺术趣味，这也是只有在统治阶级奢侈财力的支撑下才能做到的事。同时，我们还必须注意到，它与为了娱乐而阅读《源氏物语》那样的高级文学作品一样，也呈现出生活与艺术一体化的现象。

在障子以及屏风上所画的大和绘中，最多的是称之为“月令绘”“四季绘”的种类。画师们将表现四季流转的樱花、月、雪等自然景物，放入以这些景物为中心举行的赏樱、观马、驱鬼等年中惯例活动中来加以描绘，从而将自然与人类的营生视为一体进行把握，这就是大和绘的主题。这种创意完全不属于中国画的人物、花鸟、山水等体裁，是日本人独自创造的种类。

这一点不仅仅表现在造型美术上。即便从《源氏物语》中也能发现，它在故事的叙述中，将主人公的生活与“台风”“花下宴”等四季景物结合起来，令登场人物的心理活动与自然环境微妙融合，不露声色地融合了自然描写与人物描写。

总之，将日本文学艺术各种体裁所相通的自然与人生的融合表现得最为清晰的，可以说就是“月令绘”吧。由于平安时代月令绘的障屏画无一留存至今，因此无法具体谈论某幅遗作，而通过大量的文献以及诸如神护寺的山水屏风等镰仓时代的作品，我们可以想象大和绘表现的大致就是上述内容。

现存的这一时代的大和绘作品，都是称为“绘卷物[①]"形式的作品。古代的读物大体是卷轴，所以绘画的卷轴也并不少见，但以绘画为主的卷轴，特别利用了卷轴的横幅形态来动态以及连续地铺陈画面、追求电影一般的效果，这种绘画形式，虽说也受到了中国的启发，但首先还是这个时代日本人的独创。

这个时代的大和绘，与后世的日本画相比，它不但刻意追求绘画独立的造型美学，更与文艺作品结合成一体，对彼此表现力不足的部分进行互补，综合艺术的特征十分强烈。在月令绘的屏风画、隔扇画上贴上彩纸，写上与画题相同歌题的和歌，旨在调动绘画与文学两种体裁元素来表现和歌的抒情性，而画卷则与物语结合，通过绘画与文学两个方面来表现物语的叙事性。画卷基本上都是物语画。

因此，只要将用文字写成的物语与绘画交互排列，在卷轴上展开情景便成了画卷。尤其是将《源氏物语》那样的、较之故事情节更在描写各个场面的趣味上倾注了艺术生命的作品绘制成画卷时，只要通过造型来表现每一个场景画的独立意趣并将它们有序排列就万事大吉了。现存的《源氏物语画卷》堪称是这类画卷中最杰出的作品（图 19）。

用浓厚的色彩描绘绚烂的贵族生活，配以由优美草书写成的说明文而构成的画卷，作为将绘画、文学、书

---

① 绘卷物即画卷。

图 19　源氏物语画卷（图片：TPG）

法的三种艺术元素——如果加上用纸工艺则为四种元素——融汇交织在一起的综合艺术品，与《本愿寺本三十六人集》（图 20）等作品并肩，足以被视为永久纪念王朝贵族高雅美术趣味的文化遗产。

但是，仅将独立的画面横排开来，并不能说充分发挥了唯有画卷这一形式才具备的独特性。不久，出现了尝试不借助文字说明、仅按时间顺序渐次横向排列来展开故事情节的表现方式，并大获成功，至此，只有在画卷中才能看到的独特绘画形式得以完成。

现存的《信贵山缘起画卷》（图 21）与《伴大纳言画卷》（图 22）可以说是该类作品中的最高杰作吧。前者动态描绘富人的米仓被飞钵的神秘力量高高举起，飞过奔跑的人流，径直运送到信贵山；后者则表现了在烈火浓烟的应天门内惊恐万状的官员和百姓乱作一团的情景。

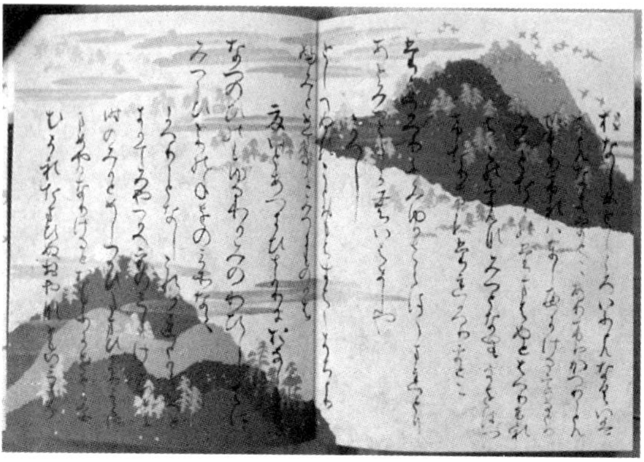

图 20　本愿寺本三十六人集

图 21　信贵山缘起画卷

图 22　伴大纳言画卷

从两幅画卷中我们也能够领略到，它们所发挥的功能超越了理应属于空间美术的绘画本质，创造出无人能出其右的独特美感。

这些作品，与它们的目标相吻合，运用强劲有力的线条写实地描绘对象，与力图通过浓艳的色彩来渲染情趣的《源氏物语画卷》呈现出截然不同的画风。这些作品，以这样的形式、这样的素材，不但画出了贵族生活的习俗，而且在画中大胆表现大众的现实生活，从这一点上可以看到，它虽然是贵族艺术，但大量吸收了大众生活的元素。这无疑也从一个方面反映了这些作品所诞生的十一和十二世纪贵族社会末期文化史的大趋势。

正如前述的那样，堪称"不在地主"的贵族统治体制，可以说一开始就缺乏控制农村的力量，随着名主、武士等农村地主势力的上升，来自地方势力的压力日趋增大。上皇政治即院政，替代了摄政、关白政治，表面看来宫廷内部的权势直接从外戚藤原氏移交到了皇室手中。但是，院政有其实质基础，那就是作为地方官而敛财的受领层[①]的近臣集团，仅这一点也证明了地方优势反映在中央政治上。另外，不能忽视的是，院政往往依靠源氏、平氏等武士的武装力量，这也显示出与藤原氏摄关政治时代不同的新动向。

---

① 受领层指赴地方担任行政职务的官员。

上述这些情况，也随即反映到了文化领域。院政时代的文化，吸收了大量大众文化的元素，无法用贵族文化一概而论。文学艺术的世界中，创作物语停滞不前，出现了《荣华物语》以及《大镜》等历史物语。另一方面，还诞生了《今昔物语集》等直接表现大众粗放生活的作品。

在表演艺术领域中，除了八世纪以来从大陆传入的以宫廷音乐为基础的高丽乐、唐乐等用于仪典的音乐外，在贵族宴会上也开始表演曾在民间流行的猿乐和田乐，前者表演的是滑稽的模仿秀和曲艺节目，后者演奏的则是田头插秧时用来鼓舞劳动热情的音乐。身份卑微的艺伎以及女木偶师表演的时尚歌曲也进入了贵族世界，深受贵族喜爱，乃至后白河法皇编辑了时尚歌曲集《梁尘秘抄》。这是院政时代文化的大趋势。

贵族文化无论经过怎样的锤炼，它依赖的仅是封闭在享乐、颓废的狭隘世界里受到局限的文化感觉，这无法阻止其走向末路。当这一态势变得愈发严峻时，粗野却健康、泼辣的大众文化才得以为贵族文化注入它完全欠缺的新元素，从而开辟起死回生的道路。

《今昔物语集》中有一个故事，讲述的是近江国的某郡司建了一座佛堂，在此举行佛事时演奏了田乐，从比睿山请来的有学问的高僧十分惊诧并嘲笑道：这家伙把田乐当音乐了。这个故事十分生动地反映了贵族和大众对音乐的感觉存在鲜明的对立。尽管存在如此巨大的对立，1096年（永长元年）京都田乐大为流行，从市井百姓到最高贵族，京城里的人头戴田乐用的斗笠，打扮成奇异的模样招摇过市。这一活动不正象征着庶民文化的渗透已经形成无法阻挡的势头了吗?《信贵山缘起画卷》以及《伴大纳言画卷》无疑也是这种文化大趋势的产物。

回到之前的话题，这个时代的画卷中有据传是鸟羽僧正觉猷创作的《鸟兽戏画》（图23）。稍后的时期，即被视为这个时代最末期的平家时代作品中，有以《饿鬼草纸》《地狱草纸》《病草纸》之名传世的《六道画卷》《粉河寺缘起画卷》等。其中《六道画卷》不加掩饰地描绘了饿鬼、地狱、人（疾病）各界丑恶而残酷的情景，让观画者深切感受到现实世界的可憎面目。画卷在进入下一个时代即镰仓时代以后更加流行，诞生了大量作品。

图23　鸟兽戏画

我在下一章中将根据需要加以论述。

贵族文化向地方和海外的传播

我在前面已经论述了，贵族社会的文化在质量上达到了一定的高度。与此同时，也不能无视在中央臻于完善的贵族文化向地方传播这一现象。

当然，中央文化向地方传播并非是从这个时代开始出现的现象。八世纪，全国各地兴建国分寺，地方豪族也开始建寺造佛。不过，国分寺虽然建在地方上，但作为律令政府的项目，是在中央的指令下进行的，并非地方居民的自发意愿。

地方豪族的建寺造佛，至少现在还没有发现堪与东大寺、兴福寺比肩的高水准作品。从九世纪进入十世纪后，佛教文化对地方的渗透更加明显。在东国开始盛行非常符合东国人粗放气质的但在城市人的眼里只能算作半成品的佛像。这种名为“铊雕”样式的佛像，表面留有斑斑琢痕，并且线条粗犷，独具关东特色，作为地方独特文化登场的象征十分值得重视（图 24）。不过，从另一个角度而言，从佛像上还是能看到城市与地方间的文化差异。

但是，时至十一世纪以后，随着地方豪族军事、经济力量的增强，地方上也形成了绝不逊于中央的地方文化。其中最典型的实例，就是陆奥国藤原氏势力范围内的平泉寺院。以建于 1124 年（天治元年）的中尊寺金

图 24　铊雕佛像 群马县日轮寺的十一面观音像
（引自久野健《论关东的铊雕》）

色堂为代表，包括模仿宇治平等院庭院建造的无量光院在内的众多漂亮伽蓝，庄严地伫立在东北边境的这个地区，呈现出美妙的奇观。

与平泉相比，虽说规模稍小，同样位于陆奥国的白水和高藏寺的阿弥陀堂、丰后国富贵寺的阿弥陀堂等移植了曾是贵族社会时尚的佛教美术遗产，留存于东西各地，这也证明这个时代末期的地方实力终于成长到能同化、吸收中央贵族文化的地步了，并成为后一个时代东国武士同化贵族文化的前奏。

在谈论贵族文化向地方渗透的同时，还必须特书一笔的是，进入这个时代以后，日本摆脱了直接输入大陆文化的模式而获得了自己的独立性，如今反客为主地向大陆输出我们的文化。

十一世纪中期,《皇朝类苑》(宋代红少虞著)的作者，在宋的相国寺中见到出售日本扇子，他在评论扇面的山水画时写道，“意味深远、笔势精妙，中国的名画家恐怕也难以企及”，之后还感慨道：价格昂贵，无能力购买，时常感到惋惜。大和绘输出到中国，不仅作为商品销售价格很高，而且得到了艺术价值很高的评价，这一事实并不是出自常见的日本人的自吹自擂，而是经中国人之手明确记载下来，十分值得留意。

自觉意识到在世界史中处于落后地位的日本人，正如“大唐国”这一称呼所反映的那样，在很长的一段时间里将学习先进文化当成自己的当务之急，现在终于对日本文化的独立性产生了强大的信心。

926年（延长四年）僧侣宽建携带小野道风的行书和草书真迹各一卷远渡中国，988年（永延二年）僧侣奝然也向宋朝皇帝献上藤原佐理的真迹，他们炫耀了日本的书法，并受到当地人的称赞：“中国善书者恐亦少有人能书写如此佳作。”据传源信所著的《往生要集》被送往宋天台国清寺，让中国僧侣欣喜不已。

当然，这一影响力并没有大到让能以中华自居的中国人在学习日本文化后令中国文化转向新的发展方向。

不过，尽管仅限于当时的特定场合，却着实让自尊心超强的中国人也对高度成熟的日本文化发出了由衷的赞叹，这可以说是日本文化史上具有划时代意义的事件。

都市与农村的生活文化

贵族社会的文化取得了实质性的进步。但是，正如最初所说的那样，在狭小的生活圈子里带着一定局限成长起来的贵族文化，从整体上而言未必是健康的。一方面他们对美的艺术感觉磨炼到了异常纤细的程度，另一方面理性认识社会以及自然的水准却低得令人瞠目，虽然贵族文化自身达到了相当的高度，而大众的生活水平却异常低下，贵族文化与大众文化严重分裂。

读到《今昔物语集》的人，在他们了解了大众生活野蛮粗鲁的实际状况——与《源氏物语》中所描写的优雅贵族生活截然相反——后一定会深感奇怪：这是同一个时代的日本人的生活吗？然而，这就是贵族社会的真相。

这种分裂，正如前面所述的那样，通过城乡和上下的地域间、阶级间的文化交流，在自下而上的、代表新型力量的大众文化发展过程中逐渐得以消解，这被视为之后封建社会成长期文化史的基本动向。而且，在服装样式这种最浅层的日常生活文化变迁中，也可清楚看出这个动向。

图 25　各种服装样式

（引自河鳍实英、铃木敬三合著《衣食住的历史》）

a. 唐衣、裳 b. 束带 c. 平民的直垂 d. 武士的直垂

贵族除了参加仪典和宴会外便无所事事，他们的服装，外表光鲜亮丽，但实质上行动起来极其不便，无效率可言，只要看一下贵族的礼服，即束带或衣冠（男子服装），以及俗称“十二单”的唐衣、裳(女子服装)的话，便一目了然。男子的便服，即直服、猎装，比礼服更加宽大，下级官员以及上层平民穿的水干，缩短了前后的下摆，掖进和服裤裙里面，用粗的合股线穿过容易绽开的袖孔和接缝，打成“菊缀”，由此缝制得比运动时的猎装更加便于劳动。到了层次更低的一般大众，他们穿的不是中国式的圆领服，而是传统的、缝制简单的“直垂”（图 25），这种服装便于劳动，最为实用。

进入武士时代以后，成为统治阶级的武士，开始穿着加上了若干水干式样的直垂，曾经是下层平民劳动服的直垂堂而皇之地变身为统治阶级的日常便服，礼服则开始使用水干。至此，前一个时代的民众服饰生活样式占据了日本人日常生活文化的主流地位。虽然这仅仅是一个事例，但是现实的历史发展，就是这样将底层的大众文化推至上层，动摇日渐徒有其表的贵族文化的至高地位，并不断创造出崭新的文化。

第五章

封建社会成长期的文化

武士的兴起及其历史意义

当历史进展以政权交替的方式出现时，它便呈现出最为清晰的姿态。首先，社会最底层中推动历史的力量逐渐积累，徐徐上升，最终实现对政治权力的变革，这就是最常见的历史进展顺序。在历史的最底层中推进历史的原动力，通常是具有生产力的勤劳民众，这一点今天已经成为常识。

带动律令社会向贵族社会发生质变的，与其说是藤原氏及其一众贵族，不如说首先来自农民的消极抵抗。他们逃离口分田，摧毁班田制从而促进庄园制发展，这一点在前面已经提到。之后，促使庄园制从内部解体，消灭古代国家，建立封建社会，无疑也是由庄园内部农民成长带来的结果。

总之，武士的兴起绝不是停留在贵族和武士这种统治阶级内部的权力斗争，正如前一章中已经稍有涉及的，武士是从地方富豪即名主阶层中诞生的新兴势力，所谓武士的兴起，不外乎是从农民大众中培养起来的来自下层的势力，试图取代弥生时代以来几乎一直掌握统治权的古代国家统治阶级，象征着革命性的变革进程。

无论是氏姓阶级、律令贵族，还是摄关政治时代的贵族，都在天皇制国家体制中保持了统治性地位，与此相对，作为地方上地主的武士，植根于农业经济的现实基础。从诞生之日起就注定要在天皇制体制的内部壮大的武士，或被天皇制国家任命为追捕使、押领使，或成为藤原氏的家臣，一开始不得不以从属统治阶级的形式出现。并且，他们还必须依附于诸如平氏和源氏等名门贵族家庭出身的武将。支撑他们实力的，首先不是与上层的关系，而是与土地的结合，其次是主从间的契约这种底层社会的人际关系。不得不说，正是因为来自底层的力量形成了原动力，才最终彻底推翻了古代国家统治者的地位，成功地建立起新的封建社会。

然而，以庄园体制内部侵蚀的方法站在推动革命进程最前沿的武士，并没能一举摧毁古代国家体制，而是反复出现了与贵族的妥协，因此，将社会彻底改变成一元化的封建体制，经历了长达数百年的岁月。

通过平息保元、平治之乱在京都成功夺取政权的平氏，只是在贵族的政治体制内占据了要职，并没有取代贵族政治开创武家政治，这也在情理之中。平氏灭亡后，建立镰仓幕府的源赖朝也仅仅设立了统领武士和领地的独立权力机构，而没有夺取京都政府的权力职能。概而言之，武家政治登台的这一事件也仅仅意味着公家（古代国家的贵族及其后代）与武家二元统治的开始。

1221年（承久三年）的承久之乱决定性地确立了幕府的优势地位，守户、地头加速了对国司、庄园领主的古代式统治权力的侵蚀，二元统治向武士一元统治的转移已成为无法阻挡的大趋势。不过，镰仓时代还没有跨越上述的这一段过渡期。

上述的社会状况如实反映到了这一时代的文化史

上。民众成长促使武士势力的壮大，也在文化领域中催生了在贵族社会中无法见到的充满大众元素的崭新文化。但是，京都的古代贵族，在保持其拥有的政治地位的同时，依然保持着文化的权威。尤其是在夺取政权后尚未创造出堪与贵族文化匹敌的自身文化的武士，只能对贵族文化顶礼膜拜并向它学习。犹如与政治上的大趋势遥相呼应般，文化史上也出现了古代传统文化与新兴文化的二元对立。并且，随着后者的壮大，前者逐渐走向衰亡，可以说这是这一时代的基本动向。

本章中我想对新文化的发展进行仔细考察，阐明贵族文化时代是如何迈出向大众文化时代转型的第一步的。

武者风尚的诞生和文艺的发展状况

我们也许可以这样来定义，古代社会是国家集权直接控制人身自由并奴隶般地征用劳动力的社会。与此相对，封建社会则是以分散的土地控制为媒介，收取被禁锢在土地上的人民生产物的社会。

因此，对土地的控制是封建制统治的核心。作为强化对土地控制权的人为体制，封建社会的统治者——武士创立的便是主从关系的结合，即武士与下属建立主从契约关系。主君对下属施以“恩惠”，即认同下属拥有土地等权利，同时给予其新的权利，并对下属加以保护。

另一方面，下属则对主君尽忠“奉公”——无论在平时还是在战时，无论在经济上还是在军事上。这样的结合，极大加强了武士的军事和经济力量。并且，主从的结合，不仅形成了从下层武士到武家统治者的上下各层次间的契约关系，在时间上还建立了子承父业这样的世代主从关系，通过世代传承，两者的关系变得更加牢不可破。主从间的契约，创造了公家贵族中前所未有的新型人际关系。我认为，武士对贵族的胜利，如果说归功于这种新型人际关系所发挥的威力也绝非言过其实。

不仅如此，武士们一旦奔赴战场，主从便要共同面对异常艰难的局面，往往需要同生共死，这也强化了主从关系。在战争中赌上性命的人际关系，已经带上了单纯因利益而结合的关系中所不可能存在的严肃性，这是贵族们根本无法理解的崭新精神境界。

当然，主从间的契约，只是为了维护和扩张彼此的社会利益而建立的，其中并不包含更广泛的社会意识。从这一点而言，与自觉意识到有义务关注国家政治的律令贵族相比，也有倒退的一面。同时，无法否认，武士与为了满足权力欲望而玩弄各种权术却绝不杀人的摄关政治时代的贵族不同，缺乏对人生命的尊重，他们恣意实施残虐的杀人行为，有着强烈的非人性的一面，因此，不能一味地过高评价武士的道德伦理。但是，他们带着颓废的贵族社会欠缺的新鲜道义活力登上历史舞台，尤其值得一书。

尽管都被称作武士，实际上其成长经历了几个阶段：从以农业经营者为基础的镰仓时代武士，到成为城市消费者的江户时代武士，他们特征迥异，每个时代中的武士道德都不尽相同。被人们广泛使用的“武士道”一词，是进入江户时代以后才出现的。明治以后，伦理学家将“武士道德”美化成具有普世价值的道德。甚至在欧美各国都被广为宣传的“武士道”概念，乃是诞生于江户时代的意识形态。我们必须了解，封建社会成长期的武士道德实体，来源于上述历史，带着一些我们难以想象的特征。

一般而言，在主从的关系结合中，主从双方的关系处于不平等状态，无法否认从者（家臣）对主君的奉公义务优先于主君对从者的恩惠。初期的主从关系犹如“一族郎等[①]”一词所表达的那样，主君与从者之间大多保持了非契约性的亲族共同体关系，所以，与欧洲封建社会由双方契约造就的古典式主从关系不同。尽管如此，主从关系与律令政府对人民进行单方面的奴隶制统治的根本区别在于，它是以“恩惠”和“奉公”双方的义务为前提的，并不能简单定义为从者无条件奉献的单方面义务。

到了江户时代，主君一方的权力被极度强化，武士大多离开了土地，变身为领取“知行米[②]”的现代公司职

① “一族郎等”也写作“一族郎党”，指有血缘关系的家庭成员以及家臣。

② 知行米即作为俸禄分发给家臣的大米。

员般的存在，自此彻底失去了从者的独立性。但是，在中央权力十分脆弱的封建社会成长期，武士都是农业经营者并拥有可赖以生存的领地，从者在主君面前还保持着很强的独立性。因此，撇开没有领地的“郎等[①]”一级最下等武士不说，中级以上的武士，完全不用委曲求全地单方面为主君所奴役。

他们在战场上勇敢战斗，但绝对不忘要求对自己的“军功”加以“恩赏”。大量为要求恩赏而起草的军功状的存在，最为雄辩地证明了武士的道德绝非是无条件的“献身性道德”。世袭关系是让主从结合得以长久维系的力量，但是随着形势的变化，背叛旧主的武士也不在少数。以赖朝的忠臣闻名的畠山重忠，最初是平家的家臣，为讨伐赖朝而战。

对武士而言，他们最大的心愿是家庭兴旺、子孙荣耀，对主君的忠心只是达成这一心愿的手段。他们为了个人和家族利益而依附于主君，但在依附相同主君的家臣们之间并不存在任何维系感情的纽带。他们当然不会在战场上配合行动，而是争先恐后地夺取头功，除了自己的功名，他们没有闲暇顾及其他。

主从道德之所以具有上述这些特征，在于主从关系乃是古代国家形式上的统一解体后各自在不同地域结成

① “郎等”也写作“郎党”，指武士社会中与主君家庭没有血缘关系、不拥有领地继承权的下级武士。

松散的社会关系所带来的必然结果，毫无疑问，其中存在着巨大的历史局限性。但是，换一个角度来看——也许有些重复，古代社会中只懂得无条件服从上层的日本人，总算获得了包括双方关系在内的道德伦理——虽然不是彻底的契约关系，无论怎样我们都必须看到，这是日本人精神成长过程中一个具有划时代意义的进步。以这种崭新的人伦关系为主要素材，从形式上也诞生了贵族时代所没有的全新文学体裁，那就是以《平家物语》为代表的“军记物语”。

以武士作战为主题的读物，早已有了记载十世纪天庆之乱经过的《将门记》、记录十一世纪“前九年之役”的《陆奥话记》等作品，《今昔物语集》中也包含一些勇将及其战斗的故事，但在平安时代的文学史上尚未形成一个系列。到了开启武家政治的镰仓时代，第一次出现了“军记物语”这一文学种类，并从这种文学种类中诞生了代表这个时代最高成就的作品。诞生于十三至十四世纪初期的军记物语，可以举出《承久记》《保元物语》《平治物语》《平家物语》等作品。其中，与篇幅较少、结构较单纯的前三部作品相比，在各方面都充分发挥了军记物语独特妙趣的则是《平家物语》。

关于《平家物语》的创作年代存在各种观点。毋庸置疑的是，它作为琵琶法师[1]讲述的故事，采用了在琵

① 琵琶法师，平安时代出现的街头弹奏琵琶唱曲的盲人僧侣。

琶伴奏下进行说唱的口传文艺形式，这一点与原则上通过个人伏案创作、用眼睛来阅读（尽管有时也用故事绘图本的形式进行传播，或用边看图边听词的方式来欣赏）的贵族文学中的物语有着根本区别。

贵族文学中的物语，历经不断传抄和校勘产生了各种版本，如《源氏物语》有蓝皮版系列的抄本和河内版系列的抄本，虽然它们在行文中存在很大差异，但至多是文字上的些许不同，并没有出现整章整段增减的情况。然而在《平家物语》中，各版本之间甚至出现了整体结构上有无单独插话段落的重大差别。而且，在篇幅上也存在很大不同，既有十二卷的流行版《平家物语》，又有被认为是《平家物语》异本的四十八卷的《源平盛衰记》。琵琶法师在各阶层传播的过程中，根据听众的需求而不断对故事情节和顺序进行改变，可以说是各种异本出现的缘由。因此，我们很难断言某个特定的作者发挥了巨大作用，而更应该认为，这是一部在漫长的岁月中融入了众多欣赏者趣味而得以不断成长的作品。

即便从这一意义上来看，也不得不承认它拥有大众乃至民族经典的特征，这是局限在贵族社会内部形成的平安时代物语所不具备的。

政治上也成为历史主人公的武士，在军记物语中第一次作为文学作品的主角登场。一方本《平家物语》的卷首有“祇园精舍之钟声，云云”的名句，卷末以建礼门院送葬队伍绕墓而行的故事即“灌顶卷”结尾，两者都模仿《往生要集》的创意，仅从这一点而言，它被安上了净土教文学的框架。但是，《平家物语》的原始版本中“灌顶卷”尚未独立，所以这种框架并不是《平家物语》一开始就有的，《平家物语》最着力描绘的，还是成为新时代中坚的武士的真实面目。

不仅《平家物语》如此，其他如《保元物语》《平治物语》也与之相同，军记物语并不着眼于武士作为农业经营者的一面，而是竭力描绘武士作为战场上勇士的一面。在这一点上，它们也不同于南北朝前后出现的表现武士日常生活的《男衾三郎画卷》等作品，反而更生动地再现了武士之所以是武士而不只是富农的缘由。总之，这些作品在切实写出了武士道德的内涵——不畏死的勇武、下属对主君的忠心节操，以及主君对下属的恩义仁爱、对后代的爱护等——的同时，也赤裸裸地描绘出武士急于追求一己功名和私利的另一侧面。这一点，与江户时代被儒学教义粉饰并被伪善地加以美化的“武士道”的理论迥异，如实把握住了现实生活中武士活生生的行为和精神。

《平家物语》将平重盛对藤原基房一行施加的暴行算到了其父清盛的头上，试图以此将重盛塑造成彻头彻尾的善人，而将清盛塑造成彻头彻尾的恶人。尽管在文学上有着如此这般的改编，但从根本上把握历史真实而言，却可以说整部作品贯穿着极为彻底的现实主义，《平家物语》的魅力在很大程度上得益于此。

仅限于描写贵族日常生活的《源氏物语》，其整体构思停留在暗示人生的悲剧本质上，它并不直接局部地叙述悲剧的波澜起伏，而是细腻入微地描写丰富的情感变化，这一姿态贯穿始终。正如前面所述，撇开武士的日常生活、只以战场上的公共活动为叙述对象的军记物语与《源氏物语》不同，作品中悲剧性内容高潮迭起，并且，整部作品由平家一族悲壮地走向灭亡的历程所构成，从而无论在整体上还是在局部上都发挥了戏剧性效果。因此，它既有从贵族文学中所无法看到的宽广视野，也具备了大众化的特征，而因受到各个不同阶层的喜爱，今天它仍然有着比《源氏物语》更为广泛的读者群，我们可以由此窥视到《平家物语》所潜藏的艺术特征吧。

继《平家物语》之后出现的是《太平记》，它以元弘之乱到南北朝的战乱为主题，应是完成于十四世纪的后半叶。

《平家物语》实质上叙述的是平家的灭亡，形式上道出的是盛者必衰的道理，有着十分统一的主题。与此相对，按照时间顺序平面叙述战乱的《太平记》，尽管也有很多精彩的部分，但整体上难以打动人，无法与《平家物语》同日而语。

只是，就像我后面所要论述的那样，南北朝的战乱，是古代国家陈旧体制的消亡使得社会阶层发生根本新陈代谢的导火线。以此战乱为对象的《太平记》，描写了为个人和家族利益而肆意践踏旧式权威的武士和土豪的实力本位的种种行为，并更加赤裸裸地暴露了在《平家物语》中屡屡被美化的武士粗野的行为原则。也许正因为它没有《平家物语》那种用一块遮羞布来美化事件的态度，因此可以说它也有着比《平家物语》更为彻底的历史真实面。

概而言之，军记物语中，《太平记》是最后一部称得上有艺术价值的作品，其后以室町时代战乱为主题的《明德记》等作品几乎没有文学艺术的魅力，取而代之的是《义经记》《曾我物语》等以特定武士个人命运为主题的作品广为流行。但是，这些作品与其称为军记物语，实际上“御伽草子[①]”的特色更为强烈。军记物语暂且拉下了历史帷幕。

前面已经提到，军记物语的前身——战争故事早在平安时代就已经出现，与此同时，以战争故事为主题的画卷也早已问世，不过，现存的作品中只能见到镰仓时代以后的画卷，其中有十三世纪末期创作的《蒙古袭来画卷》（图 26）以及被认为诞生在它前后的《平治物语画卷》等作品。

上述的两部作品都只是画卷技巧退化期中的二流作

① 御伽草子，室町时代以后诞生的短篇物语的总称，以空想、教训、童话题材的作品居多。

图 26 蒙古袭来画卷

品，前者是参加文永、弘安战役的竹崎季长根据自己的实战经历请画师画出后用来供奉氏神，从这一点来看，其作为应武士要求诞生的作品有值得瞩目的意义。

新佛教的诞生

以武士为代表的大众力量的壮大，创造了贵族社会没有的全新艺术种类。同样，宗教领域中，也诞生了与贵族佛教性质迥异的大众信仰。

正如前章所述的那样，直感到现世的荣华绝非永恒的贵族，开始追求来世的救赎，作为对这一需求的回应，佛教界提供了倡导往生极乐世界的净土教教义，985 年（永观三年）诞生了源信的《往生要集》。

《往生要集》中所倡导的念佛，需要建造华丽的阿弥陀堂，人们可以在佛堂中陶醉于往生极乐世界的幻觉，这一教义适合于贵族，却并不能称为大众的福音。每天忙于应付生计的大众，期盼的是保证能得到救赎的简单明了的教义。毋宁说民间下层修行者们——他们坚持非僧非俗的生活，勤于念佛，诵读《法华经》并被称为“沙弥”或“高僧”——的信仰远比教义更让民众感到亲近。

下面我将详细论述的法然和日莲倡导的简易修行，可谓为平安时代以后出现的民间佛教提供了新的宗教理论背景。

院政时代以来，随着贵族社会的危机与日俱增，佛经中所阐释的末法理论——即释迦牟尼圆寂两千年后进入末法时代，王法、佛法破灭——变成了事实出现在眼前，贵族们内心的不安愈发强烈。保元、平治、治承的战乱，使京都沦为兵马之城，社会秩序的解体一目了然，为了摆脱这一危机，对福音的希求成为社会上下各阶层共同的迫切愿望。

面对如此的社会需求，新佛教中第一个发出声音的人就是法然（源空）。

法然提出了“专修念佛”的主张，他认为，末法时代没有其他救赎之路，唯有通过口称阿弥陀佛之名获得往生，他由此开创了“净土宗”这一新的宗派。法然强调，通过念佛，无疑所有人都能获得救赎，尤其为没有建寺造佛财力的“贫穷困乏之类”以及缺少闲暇修学的“愚钝下智”之人开辟一条往生之道，为他们指明了谁都可以做到的“口称念佛”的修行方法。法然高举大众佛教的旗帜，这在贵族佛教中堪称前所未有的划时代现象。法然门下之所以聚集了不同阶层的人，除了皇族、公家贵族之外，还有从熊谷直实、宇都宫赖纲等武士，到交野四郎等强盗首领、室泊[①]的艺伎等社会最底层民众，正是“专修念佛”的教义打破了阶级差别并成为万众平等的福音所带来的吧。

出自法然门下的亲鸾，走进关东地区的农村，接触在此生活的下级武士和农民，在比法然更密切联系大众的过程中深化了净土宗的教义。

在注明写成于1224年（元仁元年）的亲鸾的主要著作《教行信证》以及《叹异抄》中，他阐述了自己独特的教义和信仰。他认为，从本质上而言，人是无法通过自力来清除罪恶的“恶人”，救赎“恶人”正是佛主的本意，只有通过放弃一切自力，交由绝对他力的“金刚之信”才能实现往生。按照亲鸾的观点，念佛也不是依靠自力的修行，而是佛主赐予的力量，亲鸾据此又向彻底清算法然念佛中还残留着的巫术特征迈进了一步，深化了净土教的教义。

从法然到亲鸾的发展，意味着过去停留在巫术式现世信仰中的日本佛教第一次被提升到了精神救赎的高度，与此同时，这也说明过去游离于社会活生生的

---

① 室泊即室津，位于兵库县，日本古代到中世时代繁华的港口。

信仰之外、局限于学问僧案头的概念化的佛教理论，作为全新信仰的理论基础获得了现实的生命力。换句话说，迄今为止的日本佛教，放弃了佛教的固有逻辑，分裂成两种形态，即转化为与民族宗教同样带有巫术属性的现实信仰，以及鹦鹉学舌般地模仿大陆佛学的教团内部的佛教学说，现在，佛教又回到了佛教本来的立场，转而成为能够满足日本人现实宗教需求的日本式信仰。在佛教传入日本的七百年后，作为外来思想的佛教终于成为日本自身的信仰，这一点理应受到重视。

佛教是抛弃王城的悉达太子（释迦牟尼）所创立的宗教。从这一点就可看出，它是超越国家权力、以全人类的救赎为目标的世界性宗教。过去的日本佛教，或是镇护国家的宗教，或是以贵族为施主的宗教，不具备超越国家的特征，然而，法然和亲鸾毅然斩断了与国家权力间的腐朽纽带，表现出只专注于救赎民众灵魂的态度。日本人第一次认识到了宗教的第一要义——信仰自由以及独立于国家，从这一点上也能看到净土教所具有的历史意义。他们之所以受到与国家权力勾结在一起的旧佛教教团的非难，难免屡屡受到压制，这也是其中的一个原因吧。他们并不屈服于压制，例如亲鸾对压制“专修念佛”的朝廷提出了严正抗议。在国家权力面前主张信仰自由，这一划时代的事件尤其值得特书一笔。

倡导专修念佛，这给予佛教界以巨大的冲击，即使在表面上提出非议的旧佛教界内部，也渐渐悄无声息地出现了试图通过学习简易的信仰形态来摆脱旧佛教桎梏的僧侣。

著有《摧邪轮》一书抨击法然的华严宗高辩（明惠）发明了“三时三宝礼”的礼法，主张只要口念“让南无三宝拯救来生”便可成佛；起草了弹劾法然奏文的法相宗的贞庆（解脱），提出了唯心念佛的理论，无论前者还是后者，都是很好的实例。而一鼓作气将旧佛教推向新时代的，则是日莲的法华宗（日莲宗）。

日莲宣扬末法时代除了法华经没有获得救赎的第二条路，只要口念题目即“南无妙法莲华经”便可成佛，这无疑是将南无阿弥陀佛的口称念佛转用于法华信仰。日莲的宗教中有大量旧佛教的元素，他警告镰仓幕府若不采用法华信仰国家就要灭亡，这也反映了镇护国家思想的残余。但是，与旧佛教服务于国家权力的从属态度不同，他试图使国家权力服务于法华信仰，将宗教放在高于政治的地位上，我们不能忽视这一点。日莲甚至断言，无论朝廷还是幕府都是佛的臣下，处于佛的下位，日本如果丧失了正确的信仰，国家遭遇灭亡也不是什么奇怪的事。他在不屈服于权力的迫害这一点上，也与专修念佛的首倡者们相同。

总之，以法然倡导专修念佛为契机，佛教界内部掀起了形形色色的新思想运动，另一方面，在国内佛教界的动向之外，从大陆又传来了禅宗。

日本与宋朝最终没有建立邦交，但是，也由于平清盛为日宋贸易扩大所做的努力，商人以及僧侣的往来日趋频繁，有不少日本僧侣入宋学禅后回国。1191 年（建久二年）回国的荣西，带来了临济宗，虽然临济宗成为日本禅宗的主流，但荣西有着密教僧侣的另一面，很难说他是纯粹的禅僧。1227 年（安贞元年）回国后成为曹洞宗鼻祖的道元，带来了唯有舍弃一切、一心坐禅才能得以开悟的真正的禅宗精神。

道元严格的宗风，在一定程度上与力主排除诸行、专修念佛一行的净土宗，以及不承认除法华经以外成佛方法的日莲宗异曲同工，令人回味。另外，尽管他的教义有着浓厚的忠实实践中国禅道的移植思想的色彩，但他的主要著作《正法眼藏》是一部破例用和文写成的佛教理论书籍，也十分值得重视。因为他用和文表现抽象的哲学思辨，让人感到哲学思辨这件事并非与日本人展开的独立思考没有关系。在这一点上，法然、亲鸾、日莲也有很多用和文写就的著作，表明镰仓新佛教在思想表达上也实现了日本化。

道元也严厉排斥轻易与国家权力结合的行为，因此曹洞宗没有迅速壮大。但是，临济宗受到了贵族和武士的欢迎。北条时赖邀请宋僧兰溪道隆、北条时宗邀请元僧无学祖元分别在镰仓建立建长寺和圆觉寺，镰仓幕府的家臣中学禅的人也不断增加。

镰仓新佛教崇尚精神上的信仰，轻视建寺造佛等表面行为，因此没有对造型美术产生很大影响，尽管如此，还是诞生了以法然、亲鸾以及与净土宗一脉相承的时宗鼻祖一遍的传记为主题的画卷和禅僧肖像画的顶相。

新佛教之所以能让信仰不断深化，是因为它的出发点在于，通过对现实的冷峻观察，积极克服人类存在基础上的绝对矛盾。这种力图如实洞察现实的态度，也反映在造型美术的领域里。绘画方面，出现了以写生手法描绘人物个性的临摹肖像画；雕刻方面也创作出了诸如东大寺南大门的金刚力士雕像（图 27）、兴福寺的无著和世亲雕像（图 28）等写实性作品。这两种雕像均出自运庆之手，从金刚力士发达肌肉的表现上也能感受到作为新兴势力的武士的气概，无著和世亲则在不刻意造作的肖像雕刻中达到了写实的最高境界。这些东大寺、兴福寺的杰作，大多是在对因源平战乱而烧毁的物品进行修复的工程中创作出来的，作品用镰仓时代的理解还原天平雕刻的精神，传统的继承和时代的要求交织在一起，尤其引人注目。

主持修复东大寺工程的重源，从中国引入适用于用简单组合方式来建造大型建筑物的建筑样式——“天竺式”，建造了东大寺的南大门等，这一样式在被广泛运用之前就已经过时。相反，禅宗寺院的建筑样式，伴随禅宗的发展而广为流传，“唐式”这一新的建筑样式在日本得以生根（无论是“天竺式”还是“唐式”都是中国的

图 27　东大寺南大门的金刚力士雕像
（运庆、快庆作）

图 28　兴福寺的无著雕像
（辻本米三郎摄影）

建筑样式，不是用来区别印度式和中国式的名称）。没有色彩和装饰、房间不铺设地板便是唐式的特色，圆觉寺的舍利殿就是反映了镰仓时代唐式建筑风貌的建筑（图 29）。

理论著作的出现

中江兆民曾说："我日本，从古至今无哲学。"无论他说的是否正确，与文学、美术上的卓越才能相比，无法否认日本人缺乏堪与艺术成果媲美的理论性思辨成果。在这一点上，镰仓新佛教与中国和西方的哲学思想相比毫不逊色，是世界人类思想上最伟大产物中有着最高价值的精神遗产，在不擅长抽象思维的日本人的文化中，称得上是为数不多的理论成果。但是，这并非是只有在新佛教中才能看到的突变现象，我们必须了解，从那个时代起，在日本文化史的各领域中都出现了理论性思考的尝试。

首先是歌论。上一个时代，已经出现了谈论和歌的本质和技巧的带有理论性的著作，尤其是诸如藤原俊成的《古来风体抄》、同定家的《每月抄》《咏歌大概》等歌论著作的大量问世还是非常引人注目。它们在艺术理论上具有多大价值尚有疑问，但从中诞生了日本独特的美学原理——"幽玄"的概念，还是发挥了一定的历史作用。

其次是史论。直至古代为止的历史书，除了《大镜》

多少表现出了一些批判性意识外，从头至尾都是对历史史实的记录，只有这个时代首次出现了从思辨的角度批判性论述历史的著作。1220 年(承久二年)慈圆所著的《愚管抄》，将佛教的理论思辨运用其中，尝试历史性地说明武家政治出现的必然性；1339 年（延元四年）北畠亲房所著的《神皇正统记》，试图证明南朝的天皇是正统天皇，存在着历史哲学的倾向，将历史只是简单的史实罗列的观念推进了一步。两部著作，不外乎是作者按照自身的政治主张对历史事实整理后的产物，并不具备人们通常认为的那么深刻的思想背景，但可以认为，它们作为将历史理论化的著作顺应了当时的时代潮流。

第三是民族宗教的理论化。我在前面已经说过，民

图 29　圆觉寺的舍利殿

族宗教只是巫术般的仪式，没有教义和经典，但到了十三世纪末，伊势外宫的神官们创作了名为《神道五部书》的伪经，开创了伊势神道，民族宗教终于有了教义和经典。十五世纪，京都吉田神社的神官们创立了唯一神道，并由江户时代的儒学家发展成儒家神道。但是，这一类的神道教义与现实中民众的神社信仰没有任何关系，只是为了提高职业神官的权威而进行的脱离现实的操作，在内容上，也是为了将原本没有的东西硬塞进教义而收集了佛教、道教等教义，制造出了附会《古事记》和《日本书纪》的荒唐无稽、近似于笑话的冒牌货。尽管如此，仅从它试图为民族宗教赋予教义的意图而言，说明不满足于记录事实已经成为这个时代的风气。

第四是随笔文学。作为最优秀的文化遗产，它带着哲学的思考登场了，这就是鸭长明创作于 1212 年（建历二年）的《方丈记》，以及吉田兼好创作于 1330 年（元德二年）前后的《徒然草》。

随笔这一文学体裁，继承了前代日记文学的变种——《枕草子》的传统，但是，随笔中贯穿着对人生与世界的思考，这是局限于叙述感觉印象的《枕草子》中所没有的，从这一点来看，《方丈记》和《徒然草》十分清晰地反映了这个时代的特征。面对发生在贵族社会消亡期中的天灾人祸等悲惨现实，《方丈记》表现出了唯有遁入日野山的草庵寻求精神安逸的消极态度，而《徒然草》中则毫不犹豫地肯定矛盾的人生和世界诸相，不仅试图从中寻求新的美感和安宁，更进而支持积累经济财富，展示了一种积极的态度。两种态度上的差异，存在于跨越长达一百二十年的时间纬度中，留下了封建社会新兴阶级蓬勃成长的足迹。两部著作，尽管思想方法都不甚彻底，但是它们不是如神道教义般从别处借来的理论，而是传达出通过对日本现实生活的反省所达成的人生观和世界观，这一点与新佛教又有着不同的意义，应该说它们证明了日本人思考能力的成长。

最后是宋学，即宋代新儒教哲学朱子学的传入。律令时代以来，儒学尽管被视为统治阶级的官方学术，但其内容是汉唐时代中国学风的注疏学，即仅对文字进行解释的学问，甚至这一点都不太受欢迎，还是《史记》《文选》等文艺性的古代经典广泛受到拥戴。到了宋代，在中国受到佛教影响的哲学理论发展起来，朱子学集其大成，十四世纪前后传入我国。这一时期流行的临济禅中，主张儒、佛、道三教一致，作为禅宗文化的一环，朱子学首先在禅僧中开始受到研究。这一时期，朱子学尚未渗入社会，没能为日本人提供新的道德理论，但是进入之后的封建社会完成期后，它为儒教道德统治地位的建立开了先河，我想有必要对这一意义写下一笔。

贵族文化的传统

在镰仓幕府建立并且武士获得了统治地位后，京都的朝廷继续保持了自己的权力，尤其是贵族的文化传统并没有因此丧失。例如藤原定家等歌人，对治承以来的战乱表现出了事不关己的态度。他们封闭在和歌的世界里，无视现实的混乱，创造出幻觉般的美境，试图沉浸其中，忘掉一切的苦恼和不安。鸭长明面对现实的动荡，隐居山中企求内心的安宁；法然和亲鸾以大无畏的勇气投身人生苦恼的深海，从中探索反其道而行之的救赎之道；藤原定家则与前者均不相同，他置身于京城的烟尘之中，怀着对走向穷途末路的贵族权威的不舍之情，在和歌的观念世界中谋求生路，创造了《新古今和歌集》所代表的深邃清澄的"幽玄"之美，如：

春夜梦忽醒
空中横云离山峰
（藤原定家）
信乐运河冻
冬夜月影亦驻流
（藤原家隆）

《新古今和歌集》中的这些自然描写，不是以写实手法来把握现实的自然美，而是展开语言修辞和幻想的翅膀，人为虚构的没有实体的观念性产物。和歌中清晰地描绘出没落阶级充满哀愁的自负精神，他们尽管已经失去了现实中的地盘，却无法彻底忘怀昔日的荣华。新古今风格的和歌，较之总在卖弄并不成熟技巧的《古今集》等歌风，技巧上极尽雕琢之妙，在某种程度上堪称日本和歌史上与《万叶集》并列的两座不同意义的丰碑。

然而，日趋没落的阶级难以推动文化健康发展。《新古今和歌集》以后的和歌越来越失去创造力，显现出崇尚缺乏内容的秘传、热衷于流派之争的末期症状。不久，作为和歌变种的连歌及其分支的俳谐等占据了韵文界的主流地位。但是，和歌的传统并没有彻底消亡，江户时代末期，出现了良宽、大限言道等创造出新鲜歌风的作家，明治时代的明星派、紫杉派等人重新夺回了和歌在文坛的地位，这证明和歌在日本文化中有着深厚的传统根基，无论怎么说都是值得关注的现象。

政治上，尤其是军事上，全面压倒公家贵族的武士阶级，在贵族文化面前只能卑躬屈膝。一如陆奥的藤原氏将京都的文化移植到平泉并建造了中尊寺和无量光院那样，镰仓幕府中赖朝以后的历代将军和执权，也从京都邀请歌人、画家、佛师等，将贵族文化输入东国。源实朝从定家手中获赠《万叶集》而成为万叶风格的歌人，这只是其中的一个例子。我们不能将目光仅仅聚焦在一点上，即只关注镰仓幕府是如何尊重武士独特的生活方式、努力强化武士特有的道德并因此促进了封建秩序的发展，也不能忘记镰仓幕府热心吸收贵族文化的另一个侧面。拥有幕府实权的北条氏一族中，作品收录在敕撰和歌集中的作者人数，仅宗谱十分明确的就多达近五十人，这有力证明了他们对贵族文化有着多么强烈的憧憬。

北条氏在武藏国金泽建立文库，倾力收集古代经典，这些历史遗留物至今仍流传于金泽称名寺等处并盖有“金泽文库”藏书印的古代抄本类中，正因为锲而不舍的努力，进入室町时代之后，武家取代了在灭亡边缘苟延残喘的公家贵族，成为保存古典文化的中坚力量。这一事例告诉我们，文化尽管无法摆脱创造该文化的阶级烙印，但依然存在着被其他阶级所继承的可能。

庄园体制的解体与古代势力的灭亡

守护、地头对公家政治和庄园的侵蚀，令死守在京都残垒里的贵族地位日趋动摇。尽管后鸟羽上皇在军事上为挽回京都政府势力而发动的承久之乱以失败告终，但是后醍醐天皇再次策划的相同尝试成功消灭了镰仓幕府，1334 年（建武元年）开始实施建武中兴的政治。然而，要阻挡现实中以不可逆转势头前进的封建社会步伐并复活公家政治，从一开始就是不可能的痴心妄想。武士背叛了中兴政府，公家和武士一统的政治发生动摇，进入南北朝的战乱期后，各地地方势力纷纷乘乱扩大自己的势力，古代社会体制开始全面崩溃。

贯穿十三至十五世纪，古代社会向封建社会转换这一历史大趋势的根本原因，在于生产力的不断进步。随着农村铁制农具的普及、牛马耕种的实施、水车灌溉等农耕技术的进步，收成大幅度增加，开始了一年种两茬不同作物的农耕方式，农民的生活水平得到相对提高，他们中间顺势从事商品流通活动的商人活跃了起来。商品经济领域中，设立了定期集市，打破封闭的庄园经济自给自足的壁垒，经济圈扩展到更广阔的地域。通过与宋、元、明的贸易活动而引进的中国铸造的货币（如永乐通宝等），进一步促进了商品经济的发展。

在这样的历史进程中，民众势力的抬头日趋明显，大规模出现了因“下克上”一词而广为人知的势力的新旧交替。建武中兴失败时，武士的力量已经十分壮大，甚至巧妙利用武士的不满而破坏公武一统政治的足利幕府，也未能建立强有力的中央政权。虽然面对力量既已丧尽的公家贵族，幕府占据了压倒性优势，但是地方守护等力量强大的武将，变身为统领该地区武士的守护大名，室町幕府充其量只是他们联合政权的盟主，在镇压不断出现的守护大名的叛乱中亦已精疲力竭。

在开始于1467年（应仁元年）的应仁之乱发生以后，进入战国时代，幕府的命令几乎不被执行。各大名在已扩大的经济圈内建立独立的政治社会，即大名领国，将庄园体制的残余一扫而尽，确立了直接控制土地和人民的封建社会。并且，不能忽视的是，在由此成为封建领主的战国大名中，从新的统治阶级中崭露头角的土豪出身的暴发户占了大多数，他们经过多年的社会动荡，打倒了自古以来以出身门第为傲的旧式守护大名。古代社会的遗风，不仅在体制上遭到横扫，在人的构成上，也发生了大幅度的上下交替，封建秩序终于在自下而上力量的推动下走向不断完善，迎来了二元对立向一元化的转换。

这一新陈代谢的进程，仰仗的绝非是一部分暴发户潜入了统治阶级的行列，其背景中有着不容忽视的人民大众的社会性成长。分散在庄园各名中的农民，以地区性的自然集落——村庄为中心团结一心，村民们选举尊长、年长的代表，制定称为“地下掟”“乡置目”的自治规约，尝试村政自治的管理模式。对来自上层的苛捐杂税，他们不再像过去那样一味消极抵抗，而是屡屡采取暴动这一积极的反抗行动，促使本来就濒临解体的统治阶级走向没落。

不能无视的是，新的统治阶级之所以能形成大名领国，一扫古代社会的遗制，也正是由于民众的成长。一旦封建秩序得以建立，新的统治阶级便以强权统治人民，将人民重新推入残酷奴役的深渊，然而，从古代社会走向封建社会的进步，只有在人民大众的历史性成长的推动下才能实现。这一事实，令我们千真万确地看到了历史发展的清晰脉络。

随着封建社会的形成，家庭生活中长期存在的原始社会的遗制——走婚制，终于划上了休止符。

有关走婚制向嫁女婚的转变过程，没有确切的研究成果，因此无法具体阐述，但是，至少在武士社会中，似乎较早开始了妻子在夫家生活即嫁女婚的习俗。即便在武士家庭中，一开始就保持了分配继承制度，女性也享有分配到领地的权利，甚至有女性成为地头候补的事例。但是，对于不在战场上效力的女性来说，在分配领地上处于不利地位，再加上从分配继承制向单独继承制的转变，当只是一个男子垄断性地继承全部领地的单独继承制被确立下来后，女性陷入了权利归零的状态，就此出现了产生男尊女卑不平等关系的历史性条件。

嫁女婚中一开始就与丈夫共同生活的武士妻子，开始树立起牢固的贞操观念以及作为主妇维护夫家的意识，可以说这是在贵族女性身上看不到的一大进步。但与此同时，这也是将单方面的贞操观强加于女性身上的单向义务关系的开始。长久以来得以保持的女性崇高社会地位彻底瓦解，总体而言，这是在本应是下层阶级获得胜利的封建社会中，人民在新的阶级统治下，不得不苟延残喘于残酷封建剥削状态的同时，历史发展所产生的新的矛盾。

文化的下克上

由下克上带来的社会势力的新陈代谢，在文化领域中也注定了贵族文化没落和大众文化上升的命运。贵族文化，作为古典受到尊崇，并为新文化的创造提供了素材，但是，个中已经几乎看不到贵族文化本身的发展。持续至镰仓时代的以《源氏物语》为范本的王朝风拟古物语停止了创作；和歌中断了新的发展；敕撰集的编辑也在这一时代宣告结束，“古今传授”等无意义的秘传，仅在形式上继承歌道的传统；大和绘的技法出现了急遽退化，土佐光信成为最后一人，大和绘不得不将日本画的主流地位让位于新出现的水墨画以及狩野派；佛像雕刻中几乎没有出现值得一提的作品（不过，这与我将在后面谈到的宗教世俗化倾向有着很大的关系），诸如此类的现象证明，自古以来的贵族文化传统，在贵族走向社会性没落的同时，也丧失了其文化生命。

上述事实表明，顺应社会势力的交替，文化领域中也发生了大规模的新陈代谢。

连歌，起源于将和歌断开后由两人通过问答来进行朗读的形式。它作为和歌的一个变种自古存在，从十四世纪前后起在地方武士、神官、僧侣中广为流行。与贵族间流行的“堂上连歌”相对，民间流行的连歌称为“地下连歌”。地下连歌，通过对古典的研究，吸收了贵族文艺雅致的美感，从而在艺术上取得了进一步的发展，尤其经过十五世纪的宗祇之手达到了完美境界。

1495年（明应四年）编辑的《新撰菟玖波集》，足以让人了解成熟期的连歌。这一时期的连歌，继承和发展了在观念中人工制造幻想美的《新古今集》的“幽玄”

精神，去除了和歌中尚未扫尽的感伤主义，客观而透彻地审视自然和人生百态，并在团体聚会上通过参加者的微妙应答进行“连作[①]”，从而成功创造出这一独特的艺术体裁。虽然从极其尊重个人创意的近代艺术观点出发，这种形式难以理解，但可以说它是十分出色地发挥了时代特性的文化产物。况且，宗祇从东国到九州，足迹遍布全国，这一点无疑证明连歌已经在全国范围内由爱好者们展开创作和欣赏，连歌艺术的发展可视为以武士为中心的民间艺术发展的象征。

相同的情况也发生在猿乐能的发展上。猿乐，不同于自古以来在宫廷中演奏的从大陆传来的，或者将大陆传来的东西加以日本化改造后的歌舞音乐——即后来被称为雅乐的音乐（从大陆传来的大多不是大陆的雅乐，而是俗乐，但在日本，从与民间音乐对立的贵族音乐这个意义出发，称之为雅乐），而是在杂耍类曲艺、滑稽的模仿类演出中表演的节目，由称为“猿乐法师”的贱民在神社的祭典以及寺院的法会等宗教活动中作为余兴节目进行演出。这种民间艺术，应该是从十三世纪前后起开始完善戏剧结构，发展成猿乐能。到了十四世纪，它在足利义满将军时期出现的能乐演员观阿弥、世阿弥父子的手中得以成熟，最终成为一种艺术门类。

观阿弥、世阿弥不但是演员，而且是脚本、歌曲即

① 连作是指数人按照一定规则围绕同一主题进行连续创作。

谣曲的作者、作曲者，留下了众多成果。世阿弥更是写出了《风姿花传》等表演艺术论著，发表自己在表演等方面的独特见解，是一位天才型人物。他受到了足利义满等统治者的宠爱，将田乐能吸收到民间艺术的猿乐能中，成功地将猿乐能提升至从统治阶级到大众各阶层都喜闻乐见的民族文化高度。

猿乐能（现在称为能乐）的大众文化特征，可以从地位特殊的曲目《翁》出自庆祝丰年的农耕仪式的巫术、能面上留有民间巫术活动中使用的鬼面痕迹等方面略窥一斑。尤其在观阿弥的时代，还保持着丰富的大众性。值得注意的是，他所创作并爱演的《自然居士》等曲目，都是以民间十分熟悉的真实人物为原型创作的作品。在取材于古典并拥有大量曲子的谣曲中——如以表现被人贩子拐走孩子的母亲悲伤心情为主题的《隅田川》等——之所以存在不少取材于当时社会现实的作品，也是由于继承了这一传统之故吧。

但是，到了世阿弥的时代，取材于古典的作品多了起来，与此同时，观阿弥奔放的特色愈发洗练，风格变得十分典雅。例如集中表现在静寂的古寺内思慕恋人的女性情感的梦幻能乐《井筒》、由诗歌般的辞章串联起来表现对离别丈夫满怀哀怨恋情而死去的妻子的悲剧《砧》、描绘背叛了与妻子再会盟约而自杀的败军将领痛苦情感的《清经》等，迄今为止被认为是最高杰作的曲目都来自这些作品。也可以说这些用美丽辞章表现人的爱憎与命运典型的戏剧，是综合了王朝物语与中世世界观之后得以成立的艺术。

今天的能乐，在江户时代是武家的式乐[①]，形式似乎比较死板，室町时代演奏能乐的节奏好像比现在更快，这是由能乐的演出时间推算出来的。因此，通过现在的能乐来论及十四和十五世纪的猿乐能会有些问题，但有着被极度象征化了的舞台设计与表演——如仅将右手靠近脸部就能传达比失声痛哭更为强烈的印象、只要稍将面具上下改变角度（这称为“悦色”“愁容”等）就能表现微妙的感情变化——等出色戏剧效果的能乐，在十四和十五世纪的文化下克上的大环境中得以发展，这一事实对于回答在何种条件下才能诞生优秀文化这一问题时，可谓给予我们很大启发（图30）。

在猿乐能演出间隙表演的狂言，恐怕是吸收了古代猿乐模仿表演的元素而诞生的艺术。它与表现古典式主题、以典雅华丽的古典辞章组成的谣曲为脚本的优雅猿乐能不同，以现代众生相为主题内容，毫不留情地揭露武士和僧侣等统治阶级生活的内幕。并且，用当时的口语表演的狂言，与歌舞音乐元素大于戏剧元素的猿乐能相比，更是完全侧重于戏剧。不仅如此，它在题材上吸收了形形色色的大众生活，构成了符合平民趣味并能博人开怀大笑的通俗喜剧，从这点来看，和过去任何一种

① 式乐指举行仪式时表演的歌舞。

艺术相比，它都称得上是最大众的艺术。不过，狂言的讽刺和揭露流于表面，结构也很公式化，缺乏独特的个性，不得不说缺少艺术上的深度。

同样，在谈到被称为“御伽草子”的室町时代的短篇物语时也能如此断言。在这一拟古物语消亡、军记物语也失去了生命力的时代中，占据主流地位的御伽草子，作品和结构都很公式化，是艺术上极其朴素幼稚的文学，在接下去的时代中被当成了女孩子的玩物也并非没有道理。以常陆国的制盐工为主人公的《文正草子》、以伊势国身份卑微的沙丁鱼贩为主人公的《猿源氏草子》等作品，有的以身份低下的平民的命运为

图 30　能乐

（现代能乐舞台上表演的《野宫》，金子桂三氏摄影）

主题，有的大量吸收了民间口头传承的故事成分，大众艺术的特征十分明显。必须注意的是，我们可以从中找到民间流传的众多故事，这是旨在服务于天皇制正当性而经《古事记》《日本书纪》等著作体系化的神话记载所遗漏的。作为古典贵族艺术迈出第一步的日本小说文艺，到了江户时代作为商人文学得以重振，中间必定要经历这样一个阶段。

进而，这一时代还诞生了不属于通常艺术分类中任何一种门类的艺术，即独特的“茶道”艺术。它的出现也和文化的下克上的大局有关。荣西从宋朝带回的药用饮料——茶，很快变成了嗜好品。自南北朝时代前后起，武将中出现了一种豪奢的赌博活动——茶会。到了十六世纪初期，京都城里流行在闹市中的小屋里举行斟茶品茗的茶会，该小屋建于树荫下，称为“数奇”，只有四张半榻榻米大小。这种活动与过去奢侈的茗茶会的性质截然不同，它发展成为后来称为“侘茶[①]”的茗茶会，据推测该茗茶会应该是来自另一个不同源流。关于这种茗茶会的起源，由于缺乏史料而不甚明了，但是与统治阶级奢侈的茗茶会不同，是始于民间的朴实的茗茶会，后来愈发讲究，发展成“数奇”的茗茶形式。这种茗茶会进而又在上流阶层中流行开来，从中也能看到文化自下

① 侘茶是由千利休创立的一种茗茶方式。它不同于在书院里举行的豪华茗茶会，追求朴实简略的“闲寂”意境。

而上的上升过程。

这一时代的文化不仅如此这般地扩大了中坚力量的阶层，而且在地域上也扩展到全国。武士在各地建立自己的强大势力，尤其在大名领国形成以后，势力强大的大名城邑同时成为地方文化的中心，加上中央贵族的没落，京都也变得不再是必然的文化中心，因此，地方上的文化财富积累以及新文化的创造中值得留意的东西日益增多。

下面所举的事例只是其中的一小部分，但可以作为事实用来证明上述的大趋势。如上杉宪实在下野创建了足利学校，许多武士为了研究兵书而前往学习，相关的学术研究十分繁荣；在中国地方[①]，以富强自居的大内氏的山口收集了大量经典的古抄本，大内氏还亲自出版儒教的典籍；雪舟以及雪村等杰出的画家们，继续在地方上从事创作活动，有关这一点我在后面还将详细叙述。迄今为止的日本文化史专注于京都一带的舞台，而在此之后，它在全国舞台上的展开则成为可能。

宗教世俗化带来的新文化发展

镰仓时代高涨的宗教精神，令佛教界诞生了众多新

---

① 中国地方，现包括鸟取县、岛根县、冈山县、广岛县、山口县在内的本州西部地区。

宗派。新佛教教团借时局变动的东风，从十四世纪末至十五世纪大幅度扩大阵线，奠定了牢固的大众基础。尤其值得一提的是十五世纪中期日莲宗的日亲和净土真宗（亲鸾所创立的净土宗的一个派系，称为“真宗”或“一向宗”）的莲如的活动，分别在都市商人阶层和地方农民阶层中推广佛教。特别是莲如领导的本愿寺教团，在各地发动了一向宗暴动，势力迅速壮大，甚至威胁到了武士的统治地位。如果统计在前近代保持了相对优势的昭和初期的全国寺院的话，根据各宗派的数据可以看到下列排位顺序：真宗以一万九千多所位居第一、曹洞宗一万四千所、真言宗一万二千所、净土宗八千所、临济宗六千所、日莲宗四千九百所、天台宗四千五百所，从新佛教各派占据压倒性多数这一点也能了解，这一时代新佛教教团的发展十分显著。从贵族信仰发展起来的旧佛教，依靠的是统治阶级给予的寺领庄园，而直接抓住民众的新佛教，巧妙地利用民众地位上升这一历史大趋势，从而取得了这样的成绩。

但是，教团外部的发展并非必然象征着佛教精神在思想上的成长。恰恰相反，它在很大程度上让人感觉到，正是因为淡化了开宗鼻祖严格的宗风，并与社会现实妥协才得以扩大阵营。证据就是，尽管教团得到了发展，但十五世纪以后并没有出现值得称道的佛教思想发展，大致在这一时期，佛教丧失了在日本思想界的主导地位。佛教美术在这个时代，之所以水平明显下降，虽然也与新佛教基本上不重视建寺造佛等外在功德不无关系，但不能不看到其中的一个原因在于，新佛教丧失了古代般热烈的宗教精神，创造优秀佛教美术的能量已经枯竭。

之后，佛教在很长的岁月里保持了其不可小觑的社会地位，却难以掩盖其宗教世俗化的倾向，禅宗文化的内容则如实反映了这一点。临济禅得到了以足利将军为首的统治阶级的大力保护，由足利义满引进宋朝制度并指定的五山[①]禅僧，甚至成了室町幕府的政治顾问，参与政治、外交、贸易等事务，在艺术、学术领域中也扮演起了指导性角色。禅宗文化在十四和十五世纪文化界所占的比重虽然很大，但尽是一些对于深化宗教精神不起任何作用的东西，具有讽刺意义的是，禅宗文化的流行，成为宗教文化向世俗文化转变的第一步。

禅僧的日常修行中，饮食起居无一例外试图原封不动地再现中国禅宗寺院的规矩。来往于明朝的禅僧们，则热衷于学习明朝文化。因此，五山禅僧与统治阶级密切勾结的结果，是自然而然地为上流社会造就了中国式禅宗文化趣味横溢的局面。古代贵族文化失去权威的这一时代，在贵族化了的上层武士面前，作为适合于为其崇高地位装点门面的新贵族文化，外来性较强的禅宗文

① 五山指临济宗的五大寺院，天龙寺、相国寺、建仁寺、东福寺、万寿寺。

化较之从底层发展起来的大众文化更符合其口味，受到了他们的宠爱。另一方面，在大众化倾向非常鲜明的室町时代，禅宗那样的贵族文化之所以受到尊重，其历史原因应该也是出自上述背景吧。

禅宗文化中，首先必须提到的是五山文化，但可以说它不外乎是游离于日本人现实生活的禅僧们出自卖弄学问的心理而创造的智力游戏。例如一休的诗歌，甚至赤裸裸地描写了性，然而他那宗教与文学浑然一体的诗歌也仅停留于反映日本禅文学的独创境界。玩弄语言文学技巧本身脱离了禅的宗旨，因此，五山文化的繁荣终究不过是禅宗文化世俗化的一个标志罢了。不过，正如我在前面也稍有提到的那样，作为禅僧研究中国文化的副产品，朱子学的研究开始盛行，这个时代终于诞生了几部著作，成为考察下一个时代儒学繁荣状况的历史前提，值得我们关注。

其次，在造型美术的领域里，禅宗文化产生了巨大影响。前面已经阐述了“顶相”，水墨画的流行也与禅宗有着密切的关系。用单一墨色画出极度抽象的线条和构图、从精神角度来表现对象的水墨画，取代以情趣和色彩为生命的大和绘，成为这个时代画坛的代表，这意味着它完全切断了与日本画既往历史的联系，形成了新的传统。

活跃于十四世纪中期水墨画初期的画家默庵以及可翁都是禅僧，他们的主题也以布袋图、五祖六祖图等宗教画居多。由此可知，水墨画是禅文化的一个构成元素。进入室町时代以后，虽然在水墨画的发展史上占有重要地位的如拙和周文等人均出身禅林，但是绘画本身逐渐向宗教色彩淡薄、观赏性强的艺术转变。前面也提到大和绘也与和歌、屏风画紧密结合在一起，而五山文学中的自然关照，则通过诗画轴这一形式与绘画结合，自此开始了真正意义上的宋元风格山水画的发展。从切断与日本绘画传统的联系、专注于学习中国绘画技法开始起步的水墨画，不仅在技法上，而且主题、构图等无一跳出模仿中国画的框架，究竟在多大程度上体现了日本人艺术的独特性，并非毫无疑问。

1469年（文明元年）从明朝回国的雪舟的作品中，终于诞生了日本人的创作中足可自豪的水墨画杰作。雪舟也努力向夏珪等中国画家学习，这一点与前辈诸多画家没有区别。然而，他不仅全身心成功把握了自然的力量，而且远离世俗化了的画坛，居住在丰后、周防等偏远地区，在与各阶层人的广泛接触中从事创作，画出了真正以日本人精神为精神的水墨画，而不是对中国画的模仿。通过对空间进行纯视觉处理来构成绘画独有的造型美，这是雪舟在日本绘画史上的首创，也是因过度追求艺术趣味而使造型艺术的独特性稍有欠缺的大和绘中无法见到的，《秋冬山水图》《山水长卷》等作品便是其中的代表（图31），雪舟不正可以称为日本最早的个性画家吗？

《风涛图》的作者雪村，也是堪称在水墨画的日本化进程中占据了重要地位的画家。虽然在气势上不及雪舟，但他的《风涛图》，在冰雪覆盖的东北地区严酷环境中敏锐抓取了激荡震撼的大自然威力（图 32）。

总之，水墨画源于禅宗，但在不知不觉中摆脱了宗教意义，独自发展成表达自然关照的艺术。然而，水墨画所开创的新造型美学，在追求和汉综合技法的狩野派手中，与大和绘的色彩主义相融合，成为后来日本画蓬勃发展的出发点。

在繁杂的对象中舍弃并非本质的东西，只以象征手法将本质的事物表现为单纯形象，这就是水墨画的目标，在大自然中对这一目标进行造型化尝试的，就是从大约十五世纪开始引人注目的这一时代特有的庭园样式。

古代贵族嗜好庭园之美，他们在“寝殿造”的住宅中建池、筑岛，还在他们建造的阿弥陀堂的前庭造池、立石。这种趣味来自室町时代，足利义满在北山建造的别墅——金阁寺的庭园，其创意似乎与古代净土教寺院的庭园出自同一源流。

但是，室町时代中期以后的禅宗寺院，将广袤的大自然压缩在一个狭小的空间，用象征性手法来加以表现，就此开始了新样式庭园的建设。如龙安寺的石庭(图 33)，只在别无他物的白砂石上配置大小不等的十五块石头表现大海的意境；大德寺大仙院的庭园（图 34），在犹如猫额般狭窄的场地上同样仅用石块组合制造出溪水从深山流入谷间的复杂景观，这些都是出类拔萃的事例。

图 31　雪舟的《秋冬山水图》

图 32　雪村的《风涛图》

图 33　龙安寺的石庭（图片：TPG）

同时，它们也是在一粒微尘中发现全宇宙生命这一佛教泛神论哲学的艺术表现，所以也许并不能说与宗教无关，不过，也可以说这是禅宗文化脱离宗教特征向纯艺术方向转化并日趋精湛的典型事例。

较之庭园，在与人的日常生活关系更为密切的住宅建筑中更是出现了同样的现象。现代被视为日式榻榻米住宅基本配置的壁龛、搁架、客厅等，无论在古代贵族的“寝殿造”还是镰仓时代的武家住宅中都尚未出现，它们构成了室町时代末期出现的书院造[①]住宅

① 书院造，中世末期在平安贵族的“寝殿造”样式的基础上发展而来的武家住宅样式，以兼作书房的起居室即“书院”为中心构成比“寝殿造”更为复杂的建筑样式。

图 34　大德寺大仙院的庭园（图片：TPG）

图 35　书院造

建筑的特色，其源流则来自寺院中的僧侣书斋。尤其是生活在现代的我们十分熟悉的“玄关”就来自禅宗的专业术语，从这一点来考量的话，应该说不少方面受到了禅宗寺院的影响。寺院建筑通过书院造（图 35）而为一般住宅建筑所采用，由此可以看到宗教文化世俗化的特征。

书院造的形成，创造出了只有以书院造结构为前提才能理解的各种文化形态。在这之前，除了礼拜用的佛画之外，提到用以欣赏的绘画，不是屏风画，就是展开在书桌上的画卷，但是有了壁龛之后，挂轴就能挂在壁龛上欣赏了，挂轴不仅成了日本画的一个重要形式，而且比屏风画以及画卷的形式更加简易，使日本画在大众中比过去更易普及。

花道的形成，如果忽视了与书院造住宅的关系也无从谈起。因为壁龛诞生后人们才开始在住宅的客厅里放置花瓶，有了欣赏插花艺术的场地。在花瓶中插花，本来是供佛的一种礼仪。平安时代的贵族住宅好像也放置花瓶，他们有插花的场地，但是插花（图 36）成为一种艺术并开始出现专业的名人还是在进入室町时代以后，从那时起客厅的壁龛用插花来装饰成为不可或缺的要素。总之，为了供佛而进行的插花，在不知不觉中其宗教的用途被淡忘，变成了将日常生活艺术化的手段，这一点与前面论及的诸多现象相同，可以从中理解宗教的世俗化特征。

图 36　池坊专好的插花
（山根有三提供）

室町时代的日常生活

如果说七至八世纪是致力于引进隋唐文化的时期，那么十三至十五世纪则可以说是引进宋、元、明文化的时期。并且，巨大权力集中在少数统治阶级手里的七至八世纪的时代，对大陆文化的引进貌似十分繁荣，但是其影响力所涉及的范围却十分狭窄。与此相反，在民众地位上升的十三至十五世纪，外来文化的影响，表面上看来并不那么声势浩大，但对日本人的生活实质产生了更为广泛的影响。

例如，八世纪以来日本也曾铸造“和同开珎”及之后的货币，通过律令政府的权力强制流通，然而，在经济不发达几乎不需要货币流通的古代，货币经济最终走向衰落。进入镰仓时代以后，由于流通经济得到了飞速发展，货币的需求变得十分迫切，于是大量引进宋钱、元钱、明钱，通过这一舶来的铸造货币，日本终于进入了货币经济时代。不能忽视的是，外来文化已不再仅仅是统治阶级奢侈的消费品了。

镰仓时代，加藤景正赴宋朝学习大陆的制陶技术后回国，开始有了濑户烧[①]；过去除了麻和葡蟠等粗硬纤维只有丝绸等奢侈品的日本，从明朝以及朝鲜引进了棉花，室町时代后半叶起在以三河为中心的地带开始栽培。棉花从此成为民众日常生活中不可或缺的衣料品，作为外来文化为日本人日常生活带来的进步，这难道不是值得特书的现象吗？

“可以想象，棉花给我们生活带来的影响，远比毛衣以及更早的薄毛呢大得多。”“过去单纯的日本人，如果没有使用棉花，除了麻布就没有东西可以用来裹体了。”“对于在山野里干活的男女，丝绸实在是太过陌生，而且过于光滑，也有些冰冷的感觉。在柔软度和触感上，棉花无疑更胜一筹。其次，棉花很容易染成各种颜色，

① 濑户烧即濑户陶瓷。

过去一直以为那是丝绸阶级才有的福利，现在也能按照我们的喜好随心所欲地染成各种华丽的彩色花纹。”“轻柔蓬松的衣料穿在身上时舒适的压迫感，让人的肌肤产生多种感觉。胸毛和背毛的生长变得不再需要，身体和衣物的亲近感变得愈加强烈。”“另一方面，过去以为只能用眼睛欣赏的红、绿、紫等色彩，现在从大自然走近我们，成了属于每个人身上的色彩。内心的活动见之于行，无论是歌是泣，人变得比过去美丽十分。这意味着，在用上棉花后，生活的情趣不知不觉变得更加浓郁，无论曾经身着粗纤维的我们，还是身披毛皮的西方人都是一样。但是，在日本又有了促使我们发生相同变化的另一种力量，它叫作‘濑户烧’。白木碗扭曲变形，一经使用便变得肮脏不堪，用水洗也只是自我安慰。”“于是，一种洁白而散发着柔光的物品进入了我们的生活，它只需用二合或三合米的价格就能买到。通过每天早晚捧在手里的这种杯碗，我们便能看到以前属于宗教领地的真实的圆相。它没有理由不对平民的文化作出贡献。就像过去达官贵人欣赏佩玉的声音那样，门牙磕碰陶瓷发出的幽远声响，甚至让人忘却画着松鹤、青松的美丽漆杯带来的喜悦。”（柳田国男《棉花以前》）以上的体验，我们不能仅视为诗人的空想而充耳不闻。

这一时代，大陆文化的影响第一次在日本的饮食生活中广泛表现出来。料理中使用油的人多起来了，茶和糖的使用也开始盛行，人们开始制作豆腐和包子，这一切无疑都是这一时代从中国引进的大陆风味的食品（不过，包子里加入豆馅儿是日本人的发明，中国是一律放肉馅儿）。

第六章

封建社会确立期的文化

武将与富商的美术

随着大名领国的诞生，各地区自然形成的封建秩序开始了制度化，在大名分散林立的基础上建立了统一政权的是织田信长、丰臣秀吉、德川家康，即所谓的“三英雄”。尤其是丰臣秀吉，他实施了“太阁检地[①]”，一扫庄园制的残余，确立了封建的土地制度。1591 年（天正十九年），他严格定下武士、商人、农民的身份区别，禁止身份变更，并且颁布“刀狩令”，禁止农民持有武器，为下克上导致的新陈代谢画上了休止符，这些都是以士农工商的身份秩序为基础，确立武士封建统治体制的划时代举措。但是，在进入所谓的“三英雄”时代之前，社会上还保持着前代以来开放的氛围，国际上也与世界各国进行着频繁的交通贸易，勇敢进取的精神依然得到强烈推崇，因此在文化领域里也出现了锁国以后时代无法见到的泼辣豪放的浓郁特色。

依照政权的所在地来进行区分的话，织田、丰臣政权下的十六世纪末可称为安土桃山时代，德川掌握政权的十七世纪以后可称为江户时代。但在文化史上，宽永年间以前，即十七世纪前半叶之前的约八十年统称为桃山时代，这应该是比较恰当的。

锁国以前的统治者们，解散了过去商业垄断的

---

① 太阁检地，丰臣秀吉在征服了每一地之后，为了掌握当地的生产量而丈量土地、调查产量。太阁即指前关白丰臣秀吉。

“座[1]”，允许进行国内的自由贸易，奖励海外贸易，铸造“大判”“小判”[2]的货币，促进了流通经济的发展，而支持这一系列政策的则是在堺市、博多等地从事海外贸易的巨贾们。这个时代，能够明确定义为商人文化的东西还不够发达。桃山文化的主要代表，首先是成为新统治者的暴发户——武将，其次是和武将利益一致的富商们。这个时代的文化如实反映了他们不因循守旧、热情奔放的精神。它充满强大的力量，既不同于高雅而纤弱的古代贵族文化，又不同于成熟而颓废、缺少气势的江户时代商人文化。

在这个意义上，城郭建筑可以说将桃山文化的特征发挥得最为淋漓尽致。在武士出现的初始，武士分散于农村，仅在自家的住宅建造箭楼，四周挖一条浅壕沟，在长期的征战中，他们采取了在险峻的山上建筑城堡的战术。但是，大名领国形成之后，大名在领国的中心地带，即交通便利的平地上筑起半永久性的城郭，让家臣团以及商人集中居住在周围，建成“城下町”。城郭扩大了规模，周边的护城河挖得既深又宽，垒起石墙，建起高耸的箭楼和坚固的城门，特别是城郭的中心部位，建起了三层或五层的天守阁，尽显封建君主的威风。

---

① 座即商业界的行会。

② 大判和小判指大金币和小金币。

迄今为止的寺院建筑拥有宝塔和山门，沿袭了大陆多层建筑的风格，而天守阁则完全是出自日本人创意的多层建筑，在与宗教无关的住宅建筑中出现这样的建筑，是前所未有的现象。古代贵族一方面炫耀他们作为统治者的显赫身份，一方面仰视着自己所建造的佛寺高塔，那是因为他们痛感在永恒者面前，现世的权力是何等微不足道；而烧毁比睿山和根来寺的封建确立期中肆意妄为的武将们，由于建筑了高耸的天守阁，通过向天下炫耀自己的力量获得了巨大快感。

具备这些功能的建筑物，替代寺院建筑而成为这一时代的建筑主流，这一点说明了从前代发展而来的宗教精神业已发生了无可挽回的退潮。

在城郭建筑中，规模最大的当数信长的安土城、秀吉的大阪城、伏见城（伏见城的所在地后来被称为桃山，桃山时代也由此得名，因此并非秀吉生前就有桃山这一地名）等，据记载安土城曾经有七重的天守阁。今天，早期城郭建筑留下的遗迹已不多见。尤其是著名的名古屋城天守阁也在太平洋战争中化为灰烬。所幸的是，姬路的白鹭城（图 37）这一秀丽的建筑完好无损地保存了下来。

城郭中还建有武将居住的书院造的奢华宅邸，建筑内部的移门和墙上通常绘有金碧辉煌的图画。色彩丰富且线条有力的狩野派，具备十分符合这些要求的画风。狩野永德、狩野山乐等人是这个时代的代表性画家，自

图 37　白鹭城天守阁（图片：TPG）

图 38　狩野永德的丝柏图屏风

称继承了雪舟画风的长谷川等伯也创作过这类风格的作品。

如前章所述，狩野派尝试将大和绘的色彩和水墨画的构图融合为一体，但是摆脱缺少生气的折中风格、发挥出充满生命力的泼辣画风，可以说主要还是在进入这一时代之后才出现的。如永德的丝柏图（图38），在屏风的大画面上用浓烈的色彩画出高大挺拔丝柏的粗壮枝干；据推断由等伯与其子久藏所作的智积院壁画上，画着胡枝子、鸡冠花围着枫树盛开的绚丽多姿的美景，这些画作堪称这一时代最杰出的作品。用新鲜的感觉抓取花草的美丽，这种尝试是只专注于风俗、山水的大和绘和水墨画所没有的新趣味。它的宏伟构图，是以优雅纤细为首要特色的日本画前所未有的。总之，这个时代的绘画在艺术史上占据了极其独特的位置。

进入江户时代之后，狩野派作为御用画家受到德川幕府的特别保护。随着封建秩序得以稳固，桃山时代艺术的豪迈气势日渐萎靡，开始沿袭陈腐模式，变得无趣乏味。代表桃山时代末期文化的，不是因循守旧、驻足不前的御用画家，而是宽永时代如同彗星般出现的俵屋宗达。

宗达与乌丸光广等京都的公家贵族私交甚笃。他深受古代贵族艺术的启发，从本阿弥光悦等出色的工艺家那里学到了装饰艺术的精粹。他驱使新时代的感觉对大和绘典雅的风格进行改造，留下了源氏物语屏风等众多出类拔萃的作品（图39）。他的作品中，虽然从古代的物语文学以及画卷等贵族艺术的传统中汲取了不少素材，但是其表现手法从头至尾贯穿着古代艺术中所没有的新时代的装饰主义。由于缺乏有关宗达的传记，无法断定其生平，但根据从事唐纺织品的业者中有俵屋这种富商来看，有人认为宗达的出身与此有关。如果这是事实的话，那么就为研究他装饰画风的造型感来自哪里提供了有力的线索。宗达的绘画，较之武将风格更趋于公家风格，这一点与狩野派体系的作品截然不同，但从富商色彩这点来看，他还是继承了桃山时代雄健的精神。作为个性鲜明的画家，他与画风在所有意义上都与之迥异的雪舟，堪称日本绘画史上的两大巨人。

如上所述，桃山时代是以豪迈气质为傲的时代，而它的另一面——虽然与豪迈完全对立——又有着追求静寂潇洒的风格倾向，这一点颇为有趣。或许必须将精力倾注于世俗活动的武将与富商，反之又需要追求那样的境界吧。例如被认为智积院隔扇画作者的长谷川等伯，他擅长水墨画，也有描绘烟雨朦胧中的京洛松林枯寂恬淡风格的杰作，正是这种倾向的一个表现（图40）。

这一时代的武将和富商，也常常出于政治以及商业会谈的需要举行茶会。他们在幽静、别有情调的茶室里，倾听火炉上开水翻滚的声响，沉湎于品茗的雅趣。受到秀吉保护的堺市商人千利休，集茶道之大成，将茶道的礼仪系统化，也是出于这种社会需求。在这一背景下，

图 39　俵屋宗达的源氏物语屏风

图 40　长谷川等伯的松林图屏风

例如秀吉等人，一方面建起了充满暴发户趣味的所谓“黄金茶室”，一方面似乎又更喜欢在称为“山里”的四周树木林立的安静茶室中——这种茶室与尘世隔绝，令人仿佛置身于山间——品尝“闲寂茶”，这也反映了桃山文化的另一个侧面。

进入江户时代以后，正如无论是猿乐能还是狩野派绘画均失去了前代奔放的生命力而走向因循守旧那样，茶道也在门派的垄断下趋于形式化，成为今天有闲阶级打发时间的娱乐活动，但至少桃山时代以前，茶道似乎并不带有这种特征。只是记载茶道内容的文献中，有很多是后世的门派捏造出来的传授茶道秘籍的书籍，因此，很难十分清晰地还原早期茶道的内容，但在相对固定的茶室建筑以及茶庭中保留着不少原貌。

图 41　妙喜庵的待庵

（引自堀口舍巳《利休的茶室》）

例如，据说利休酷爱的山崎妙喜庵中的待庵（图41），外观令人联想起农家的茅屋，只有两张榻榻米的茶室，一眼看来十分质朴和狭窄，但包括天棚复杂的结构在内，每一个细节都经过精心推敲，巧夺天工的立体结构，使得只有两张榻榻米的狭小天地产生了无限开阔的空间感，这一建筑构思直至今天都无出其右者，独具匠心的创意引人注目。

桃山时代追求奢华的倾向，正如从伏见城以及据传是聚乐第遗址的各种建筑中所能见到的那样，无论是外部还是内部，均施以大量装饰性雕刻，华丽的隔扇画和屏风画使得令人炫目的建筑风格流行了起来。它带来的最恶劣的后果，就是甚至造出了诸如德川家光时期完成的日光东照宫那样的建筑，这种建筑忘却了建筑的结构美而陷入了过分装饰。另一方面，就像上面谈到的，仅将生命力寄托在茶道的实用性功能和纯粹的建筑结构上的茶室建筑的诞生，从结果而言，这个时代的双重特征发挥了阻止日本建筑全面堕落的平衡作用。

同样去除了装饰性，并倾力追求生活空间的功能性和力学结构美的建筑，则是较之茶室更沿袭了书院造风格的桂离宫（图42）。在环式庭园内配以建筑的出色创意，是足以在世界上引以为豪的日本文化的独特产物。桂离宫由智仁亲王、智忠亲王两代皇族从元和至宽永年间建造，从它大量运用了古代贵族文化素养这一点上而言，

图 42　桂离宫的建筑（图片：TPG）

图 43　修学院离宫庭园（图片：TPG）

与宗达的绘画多少有些相似之处。我们还可以结合下面一点来考虑，即作为后水尾天皇的山庄建于十七世纪后半叶的修学院离宫（图 43），可以纵览洛北的大小山脉，是日本罕见的拥有壮观景观的庭园，并且它也是皇室的建筑。也许可以这样认为，在现实社会中势力消失殆尽的古代贵族末裔，反而因此释放出了古代文化传统的最精粹的能量，为创造日本文化建立了最后功绩。无论是宗达还是桂离宫，抑或是修学院离宫，之所以它们卓绝的风格样式只经历了一个时代便宣告终结而没有成为进一步发展的起点，大概是因为古代贵族的特性不适应江户时代的文化发展吧。

与西方文化的最初接触

上述的桃山文化，大体上摆脱了前代从宋、元、明输入的中国模式，为了与日本人在生活上的要求相匹配而经历了日本化的过程，拥有了自己的特色。与这一态势齐头并进，过去与日本没有任何交流的欧洲文化也开始输入日本，从多种意义而言，这是不可忽视的现象。以葡萄牙为主力的欧洲势力东渐，葡萄牙船只终于在 1543 年（天文十二年）驶入种子岛，继而 1549 年（天文十八年）天主教传教士方济各 • 沙勿略远渡重洋来到日本，开始了日本与西方的最初接触。之后，直到宽永锁国的大约一百年间，南蛮人（当时将葡萄牙人称为南蛮人）通过贸易和传教，将铁炮[1]等西方物质文化以及名为吉利支丹[2]（当时将天主教称为吉利支丹）的基督教文化输入日本（图44）。西班牙的船只也稍晚于葡萄牙驶入日本，进而，日本与荷兰和英国也开始交往，加上丰臣秀吉出兵朝鲜、实施征服吕宋计划、御朱印船展开南洋贸易、日本人进入南洋等行动，这一个世纪的日本，在国际关系上洋溢着前所未有的开放气氛。

在与欧洲人的交往中，迄今为止以为外国只有大唐和天竺（印度）的日本人，知道了还有西方这一文明世界的存在，第一次将目光投向整个世界。无论是信长还是秀吉、家康，都通过地球仪以及世界地图了解了日本在世界上的位置，可以说这使得这个时代以后的日本人彻底改变了从前的世界观。

日本人的生活中，不知不觉中渗入了大量西方的元素，如帽子、裤子、雨衣、床铺、椅子、眼镜、钟表、香烟等，其中虽然也有些东西在进入江户时代以后消失了，但其中的大多数，锁国以后仍然扎根于日本人的生活中。今天的日语中之所以有很多单词出自

① 即火绳枪。

② 葡萄牙语“Cristão”，日语音译为“キリシタン”、“吉利支丹”等。

图 44　南蛮（葡萄牙）船只（南蛮屏风）

葡萄牙语——如サラサ[①]、パン[②]、ラシャ[③]、ビロード[④]等——无疑是在这个时代输入的南蛮文化的遗产。

精神领域中，日本人学到了大量迄今为止闻所未闻的崭新知识。天主教宣扬对唯一、绝对神的信仰，

① 葡萄牙语 sarasa，意为印花布。

② 葡萄牙语 pão，意为面包。

③ 葡萄牙语 raxa，意为呢绒。

④ 葡萄牙语 veludo，意为天鹅绒。

NIPPONNOIESVS
no Companhia no Superior
yori Chriſtan ni sŏtŏ no cotouari uo tagaino
mondŏ no gotoqu xidai uo vacachi tamŏ
DOCTRINA.

IESVS NO COMPANHIA NO COLLE-
gio Amacuſa ni voite Superiores no von yuru
xi no cŏmuri, core uo ſan to naſu mono na
ri Toqini go xuxxe no NENQI. 1592.

图 45 吉利支丹版《天主教教义》
［1592 年（天正二十年）天草版］

这让只知道多神教或泛神教的日本人大吃一惊。另外，与宗教同时得以宣扬的一夫一妻道德观，也给予日本人以巨大冲击。过去从中国传来的佛教，与中国的教派几乎无关，不外乎是按照日本统治阶级的主体性要求自上而下接受下来的。与这样的佛教不同，由欧洲天主教团的传教士主动从国外带来的耶稣会的门派，迅速对大众展开布道，在很短时间内吸收了大量教徒。

他们中间，出于遵守宗教礼仪的需要，开始采用星期、阳历等风俗习惯。随着宗教活动的展开，他们在初等神学院（seminário）和高等神学院（colégio）展开基督教教育，并用日语罗马字翻译基督教文学以及出版日本古典著作、日语辞典和其他出版物（称为吉利支丹版）（图 45），通过油画以及铜版画介绍西方美术，在教徒的集会上演奏西方音乐及上演宗教戏剧等，尽管这些活动传播的范围并不广泛，但作为在这个时代日本的某个角落里发生的与西方文化多角度接触的实例，十分耐人寻味。

但是，以天主教为中心的精神文化，被接受的程度并没有达到铁炮、钟表、眼镜等生活实用品的水平。天主教传教的成功，大多也是因为对巫术般效果的诉求，如武士们戴上十字架，是将它当作战场上的护身符；民众喝圣水则是为了祈祷病体康复。皈依天主教，在多大程度上改变了日本人的精神结构，这是一个疑问。虽然如此，从统治阶级的角度来看，围绕在传教士周围的教徒们精神上的联合，对于好不容易正在确立的封建秩序来说存在着威胁。尽管为了牵制佛教徒，信长承认了天主教，但秀吉以后开始采取禁教的政策，并以此为由，德川家光将军最终于 1639 年（宽永十六年）发出禁止葡萄牙船进入日本的命令——锁国令，对天主教的镇压不断加剧，众多教徒因此殉教。在信仰方面，与将现实利益结合在一起的布道发展期不同，留下甘受酷刑、愿舍生赴死的教徒们，反而是去芜存菁，但结果却使得不仅天主教濒临灭绝，而且与天主教有关的南蛮文化也几近销声匿迹，除了上述的已经扎根于日本人生活中的香烟、眼镜等，南蛮文化从日本文化中被一扫而尽，与西方文化热闹非凡的交流犹如南柯一梦，消失得无影无踪。

从结果上来看，南蛮文化不仅没有对日本文化的发展历史产生巨大影响，其内容也与和近代科学文明结合之后的荷兰文化不同，是南欧中世纪的宗教文化，因此，仅以它是西方文化而过高评价它的输入是不恰当的。由于南蛮文化日后没有保持其生命力的连续性，这反而引起了一部分人的兴趣，我们必须警惕沉迷于它所散发出来的异国情调而误判日本文化史的大局。对我们来说，比起南蛮文化的林林总总，向世界打开门户——哪怕是短暂的，由此使得日本人扩大了视野，我认为这才是这个时代的最大收获。

除此之外，1585 年（天正十三年）从九州三大名的大村、有马、大友派出少年使节团，这是日本人第一次踏上欧洲的土地，他们向罗马教皇赠送了描绘安土山风景的狩野派屏风画，记录下这一事件也并非没有意义。虽然它只是一件小事，并没有特别的证据表明它对西方美术史产生了影响，但是我们有必要了解，日本与西方在文化上的交流，并不只是停留在一味输入外国文化的层面上，就之后十九世纪浮世绘对后期印象派产生的影响而言，这件事称得上是日本美术进入西方世界的先驱。

封建秩序的巩固与儒教道德在思想界的统治

虽然封建社会的基本结构得以确立，但是战国时代以来的各大名仍然保持着不可小觑的势力，社会尚未安定，社会动荡的桃山时代（以文化史上的时代划分）的时代特色，也以德川第三代将军家光的时期为转折点，终于呈现出变化的趋势。幕府中央政府的权力已然稳固，曾是德川同僚的各大名也唯有彻底臣服于幕府成为家臣。下克上的风气荡然无存。以士农工商四民的名称所代表的身份等级差异，作为不可动摇的社会根本秩序确立了下来。

统治阶级的武士为了保证能从直接生产者的农民那里掠夺用作高比率实物租税的年贡，利用经济外的强权制定了等级制度，在统治者的武士与被统治者的百姓（农）、城市人（工商）之间建立了一条无法逾越的鸿沟。不仅如此，又进而在农民、商人之下设立了更低的贱民等级，取名为秽多、非人。上下关系不单构成了各等级阶层间的差异，而且所有的人际关系都通过上下尊卑的高低确立了秩序，这一点不能忽视。武士中的主从关系自不待言，平民家的嫡系与旁系、商家的店主与雇员、农村的地主与雇农、城市的房东与房客等也都被规定了上下尊卑关系，这种关系甚至还涉及家庭内部的亲子、夫妻、兄弟等关系。

室町时代以来不断加剧的女性地位下降，在进入嫁女婚成为规则的江户时代后达到了极点。在社会的基本结构上，被视为古典式封建社会的这个时代，仅就家庭关系而言，或许比之为希腊、罗马的古典式奴隶制社会更为恰当。下层商人、百姓的情况稍有不同，他们根本没有足以称为财产的物质，唯有通过夫妻共同劳动才能维持生计，而在诸如依靠俸禄的武士、依靠店铺的商人、依靠土地的农民等通过父权制占有固定资产而获得生计的人的家庭中，唯一拥有财产继承权的父系家长对家庭中其他成员的权威——确切地说在财产世袭制的“家”中的权威是绝对的，家庭中的每个成员则被迫服从于这一权威。

结婚后进入夫家的嫁女婚制度下的妻子，是不具有夫家财产继承权的卑微角色，虽说是丈夫的妻子，作为嫁入夫家的儿媳，更无法躲避来自代表夫家权威的公婆的压力。丈夫在性爱上的放纵可以得到容忍，有时甚至受到鼓励，而妻子则背负固守贞操的义务，妻子与他人的通奸行为被视为重罪可被处死。一夫多妻制得到公认的结果是，允许丈夫在正室之外纳妾，虽然妾与正室一样，仅仅承担恪守贞操的义务，但与古代的一夫多妻制不同，她们的身份与仆人同样卑微，受到歧视。

就这样，社会的方方面面通过确立上下尊卑关系而结构化，试图用位低者对位高者的绝对服从，来永久维护武士掠夺农民这一基本关系，这是封建社会的机制。作为统治阶级的武士内部的主从关系，建立在主君恩赏与家臣效力这一交换关系上，这一点没有变化，但是大名以外的武士中的大部分，居住在“城下町[①]”，变成了领取“知行米[②]”的消费者，因此，家臣一方失去了对抗主君的实力，与武士植根于农村的时代相比，即便在主从之间，主君的统治力量也占据了压倒性的优势。

就像我下面将要谈到的那样，商人的财富积累与武家财政的匮乏，使得武士与平民之间身份等级上的尊卑也得到了实质性的缓和，当然也让家庭成员之间的感情超越权力向和睦的关系发展，并不总是如前述的那样，上下尊卑的关系控制了这个时代的所有生活。尽管如此，既然封建社会的基本结构造就了这种社会秩序，那么从大局而言，无疑人的行为不得不被限定在这一框架内。作为将这种社会关系合法化的意识形态，在这个时代的思想界占据重要地位的就是儒教，尤其是朱子学的道德。

劳动大众好不容易建立起了乡村组织，向着提升

① 城下町指以领主居住的城堡为中心建起的城市。

② 幕府、藩主将土地作为俸禄恩赏给家臣称为“知行”，“知行米”指以粮食代替土地的俸禄。

社会地位迈进了一步，却再一次被禁锢在新的统治阶级强权下。虽然平民中依然保持了传统的神佛信仰，但在依靠自己实力爬上统治阶级地位的战国大名以及地位在他们之上的诸如三英雄等武将们的眼中，既不存在神佛之类的既成权威，也无意尊崇儒学等纸上的道德。德川家康之所以邀朱子学家藤原惺窝讲学，起用其门人林罗山，将禅僧崇传、天台僧天海聘为顾问，也只是依靠武力的胜利者按照室町时代以来的统治者的习惯，利用与五山相关的文化人而已，并不代表他信奉儒教和禅宗的思想。

但是，随着封建秩序的巩固，以及社会对学术理论的需求日渐高涨，人们开始意识到儒学，尤其是其中的朱子学作为支撑封建社会伦理的理论有效性。特别是从五代将军纲吉时起，幕府改变了过去武人独裁政治的风气，采取文治主义政策，开始积极奖励儒学，委任罗山之孙信笃为大学寮长官，让他将私塾移至汤岛培养学生。不过，这件事也只是意味着林家受到了特别保护。朱子学变成官方承认的学问，昌平坂学问所成为幕府的官学，还是在过了很久的 1790 年（宽政二年）即松平定信实施了“宽政异学禁令”（这也并不是禁止朱子学以外的学术研究）之后了。无论怎样说，必须承认以朱子学为代表的儒学获得了封建社会正统哲学的地位。

将自然界中天地阴阳的二元对立视为支撑人类社会

上下等级秩序的形而上学原理的朱子学理论，对于封建社会的统治者而言是多么合乎胃口的思想，这也可以从林罗山攻击天主教的一个事例中窥见一斑。他说天主教鼓吹地圆说，但如果地球是球形的话，天地间的上下关系便不能成立。朱子学的社会哲学中，存在着能满足封建统治者政治需求的内容，它主张只要两个人在一起，两者之间必须有尊卑之分，如果没有的话便会扭打成一团，秩序不存。只有遵从君臣、父子、夫妇等所有的上下尊卑关系，下服从上，天下才能太平。

在朱子学领域中，除了林家的学术权威，还有木下顺庵一派、山崎闇斋学派等，他们的思想并不相同，但这些学派在学术理论上的分歧具有多少现实意义，十分令人怀疑。与此相比，更需要了解的是，同为道学先生的他们超越分歧提出的日本伦理规范究竟是什么，我认为这对于理解封建社会的儒教哲学所发挥的历史性作用有着十分重要的意义。

在系统鼓吹这类日常道德的文献中，最为典型的是贝原益轩的《大和俗训》以及其他通俗训诫读物。在这些书中，除了鼓吹谤君即为不忠、不在其位不谋其政、孝顺父母、弟侍兄长乃是人类道德之本外，尤其值得关注的是有关女性的道德训诫。

这些书中反复强调，妇女有七出之罪，只要符合其中任意一条，被丈夫休掉也无话可说。除无子、生病这两条实属无奈而无法归咎于本人之外，其他如嫉妒、口多言等五条，必须谨小慎微地严加警戒，避免被丈夫逐出家门才是妇人之道。嫁入夫家后，须将公婆看得比亲生父母更重要，遵从他们的指令，即使公婆不爱自己，呵斥、厌恶自己，也不得怨恨。妇女没有主君，须将丈夫视为主君加以侍奉，即便丈夫犯错，亦不得怨恨和嫉妒，如此种种，将对夫家奴隶般的顺从当成妇女之道来进行教育。著名的《女大学》可能是某人借用了益轩的训诫写成的文章，从中可以看到，它不仅是对女性的训诫，而且通过封建社会中超阶级地象征从属立场的女性道德，鲜明地反映了封建道德的本质究竟是什么。

概而言之，益轩的训诫书所反映的这种程度的日常道德，并不是朱子学或者其他某个特定学派的思想，而是包括从儒学到国学在内贯穿整个封建学术伦理的共同道德规范，这些思想，至少在表面上公然统治了思想界，可以说这是古代社会与封建社会之间的巨大差异。

但是，封建社会的思想并不总是按照统治者的愿望发展。正如封建社会中有矛盾、有发展那样，思想界也并非永远停滞不前。对朱子学非人性的禁欲主义的反抗，首先出现在朱子学派的内部，这便是力图抛弃朱子的佛教哲学理论而直接回归孔孟学说的古学派的兴起。

山鹿素行写了《圣教要录》一书，发出了否定朱子学的第一声，接着，京都商人出身的伊藤仁斋，提出了取代朱子学理气二元论的气之一元论哲学，从而创立了堀川学派。稍晚的荻生徂徕，倡导古文辞学，创立萱园学派，与堀川学派一争高下。

我们必须看到，古学派三祖师的哲学理论虽然各不相同，但重要的并不是学院派理论的异同，而在于三派都同样重视事实而不是空洞的理论，较之形式上的道德戒律，更尊重人情的自然，重视积极的行动而不是保守消极的态度。正如创立武士道学并宣扬太平社会中的武士修养的素行、在京都富商中享受着平静生活的仁斋、成为第八代将军吉宗的智囊并协助其再度强化封建秩序的徂徕等人那样，尽管他们彼此间有着不同的社会立场，在上述共通的思想主张上，显然都显示出了近代思想的萌芽。

除此之外，抛弃武士身份而成为浪人进而从朱子学转向阳明学的中江藤树，以及出自其门下并强调日本风土特殊性、论述了日本独自学术理论必要性的熊泽蕃山等人，都是这个时代的儒学家中堪称富有个性的思想家。另外，还有一位彻底发展了蕃山理论的学者，他就是富永仲基。

仲基是曾在大阪商人建立的学校——怀德堂学习过的商人儒学家，他否定一切既成理论的普遍合理性。他一语道破，儒教是古代中国之道、佛教是古代印度之道、神道是古代日本之道，它们都不是现代日本之道。古学派以及阳明学派虽然从朱子学的权威中脱离，但没有摆脱儒学的桎梏，在这一背景下，唯有仲基一人，抛弃了一切先入为主的观念，意识到必须与历史的现实相结合来创造哲学。虽然他的主张还未形成积极的内容，但为后来国学以及其他崭新的、非儒学思想的勃发打下了理论基础，值得给予高度评价。

神道在这个时代占据优势地位的是与儒学学说结合在一起的儒家神道，但其中也存在站在自己的立场上严厉批判儒教思想的理论。

在京都不断为商人进行通俗演讲而体会到民众生活意识的增穗残口，批判重视形式上的礼仪而无视人性的儒教道德，他指出缺乏爱情基础的婚姻让众多男女陷入不幸深渊的现实，主张男女必须以恋爱为前提结合在一起。他不仅大胆提出自己的观点：哪怕是通奸，只要是不惜生命的真实爱情，即使被杀也应该将爱情坚持到底，而且他还指出男尊女卑是中国的思想，日本神道采取的是男女平等的立场，他的观点是很久以后进入明治时代才出现的近代家庭观念的先驱。只是，残口的主张是以封建以前的日本原始、古代的生活习俗为准绳，对封建道德提出的批判，因此，从这一意义而言，可以说反而与后来国学者复古神道的思想一脉相通。

寺请制度[①]作为鼓励取缔天主教的手段加以实施，

① 寺请制度是江户幕府的宗教管理制度，强制民众前往寺院开具是某寺院的施主而不是天主教徒的证明。

它强迫所有人成为某一个寺院的檀家[①]，其结果是赋予了佛教堪称国教的地位，但是这种政治上的保护制度却只是促进了僧侣的堕落和思想的僵化。江户时代的佛教教团，尽管在社会上拥有无法排除的势力，但在思想界变成了完全无力的、愚民的信仰。除了十七世纪中期明僧隐元将禅宗的一个宗派黄檗宗传到日本，之后没有新创立任何一个宗派。随着信仰的低俗化，佛教美术中也几乎没有出现值得一提的作品。唯有圆空，游历于全国各地，并制作了大量富有独特个性的佛像，在佛教美术史上放射出最后一道光芒（图 46）。

儒学兴盛，取代了直至前代佛教所占的地位。与宣扬来世和出世为其原则（尽管事实上专门宣扬现世利益）的佛教相反，儒学宣扬现世的哲理与道德而不讲“怪力乱神”，从本质上而言无疑是现实主义的学说。并且，儒学虽然对被统治者鼓吹绝对服从的思想，但也教导执政者用心执政，因此，随着儒学的繁荣，“经世济民”的学说，用今天的话说即近似于政治学、经济学的学术理论也开始盛行起来。

尤其是极其关心政治的徂徕学派有众多论述政治经济的著作，如徂徕的《政谈》，徂徕门人太宰春台的《经济录》等都很有名。他们不满足于抽象的哲学理论，从正面论述社会现实问题，应该说是一个巨大进步。然而，

① 檀家即施主。

图 46　圆空制作的佛像

尽管封建社会的矛盾终于露出了端倪，但是这个时代的政治经济理论，尚未充分预见克服这些矛盾的历史发展道路，与江户时代后期的同类著作相比，似乎大多不太具有现实性。徂徕说，为了重建社会，只要首先考虑武士和农民的利益就行了，完全不必介意商人破产，虽然作为基于武士本位立场，旨在重新强化封建制的享保改革的政治顾问，有这样的言论理所当然，但是他提出的武士归农的手法却缺乏现实性，难免有逆潮流而动的空谈之嫌。

正如从徂徕的观点中看到的那样，这一时代的政治经济理论，均建立在维护封建秩序这一终极目标的基础之上。虽然原则上是尊重封建社会的基础产业农业和农民的重农主义，但是，那也只是迫不得已的策略而已，目的在于保持对农民的掠夺以支撑武士统治地位，因而必须防止农业生产力遭受破坏。从将农民作为人来尊重、提高他们的生活和福利这一意义而言，农民并没有受到重视。因此，在四民的排列上，农民在形式上排在商人之前，但是实际负担远远超过商人。“农民和湿手巾，越拧越出水”（《百姓盛衰记》）这一谚语，成为收税官吏的座右铭。

在这种意义上的重农主义成为常识的封建社会中，农民的生活只能停留在勉强维持再生产的最低水平线上。当政者不厌其烦地干涉农民的日常生活，甚至颁布不准穿丝绸服、休掉喝茶过多的老婆等条目训诫百姓。在如此状态下，即便不被当政者逼迫，在自上而下的榨取和商品经济的渗透中苟延残喘的农民，为了避免破产，只能安于最低的生活水准，如同牛马般地干活。虽说江户时代中的庶民文化极其繁荣昌盛，那也只是城市商人的文化，在忙于日复一日劳作的农村中，值得一提的新文化发展成果少之又少。封建社会成长期中，文化还没有达到偏向城市集中的地步，因此，推动历史前进的力量也可以说更多来自农村。但是进入江户时代之后，城市与农村的落差反而比前一个时代更为加剧了。

学术理论的繁荣与教育的普及

这一时代，不仅儒学，其他各种学术理论也都十分繁荣。其中之一就是历史学，林家和水户的德川家展开了两项大规模的修史工程。

始于罗山的林家修史，在子春斋时以完成三百一十卷的《本朝通鉴》而大功告成。水户的修史，则由藩主光国策划，动用了众多史官进行编修，于 1699 年（元禄十二年）完成了本纪和列传的一部分。之后，修史事业继续推进，包括志、表在内的三百九十七卷本的《大日本史》的完成是在 1906 年（明治三十九年）。无论从这一工程耗费的漫长时间上，还是篇幅上来看，都堪称空前绝后的大规模文化工程。同时，由于两部著作都出自儒学家之手，所以骨子里留存着儒教的名分论，但通过实证调查记录历史事实的态度却是贯穿始终的。尤其是《大日本史》，去掉了不能认定为史实的神代，并一一注明用于文献依据的史料名称，可以说清晰地显示出了科学的历史研究精神。

继纲吉之后，在第六代家宣、第七代家继两将军的时代中，推进文治主义政策的新井白石，作为历史学家也建立了丰功伟绩。还有将日本历史的时代第一次进行合理划分的《读史余论》、试图将神代故事作为人类历史寓言来理性解释的《古史通》、叙述各藩历史的《藩翰谱》等，更是非同寻常的著作。

在史学后必须提到农学。为了维持、提高农业生产力，不仅需要政策上的支持，还需要对农业技术进行科学研究。宫崎安贞的《农业全书》则是顺应社会需求而努力进行学术研究的一项成果。

稍微换一个领域的话，则应该关注日本独有的数学即和算的发展。1708 年（宝永五年）去世的关孝和的和算研究，据传涉及了微积分的领域。仅从年代上而言，稍早于牛顿以及莱布尼兹的高等数学研究，这也证明和算取得了长足的进步。只是，欧洲的数学作为自然科学以及应用技术的基础学科取得了合理的进步，与此相对，和算却沦落为解题竞争的游戏。作为一门学问，它没有获得系统的发展。从这一点上可以说，正是和算在理性的科学精神尚未成熟的日本，作为孤立的匠人技艺，遭遇了畸形发展的悲惨命运。

除此之外，关于本草学、医学虽说也有很多想要论及的内容，不过只能省略了。总而言之，学术理论的繁荣之所以达到这种程度，不得不说是太平盛世中文化需求普遍高涨的结果。前代中，实施系统教育的设施只有寺院之类，为了让孩子们学习知识必须将他们送到寺院。但到了这个时代，市井的寺子屋（这个名称有着前代寺院教育的遗风）的老师开展读书、习字等初等教育（图47），教育也在庶民中普及。

日本，自古以来虽说就有在南都以及京都五山等地印刷、出版佛典等事例，但几乎所有其他读物通常都是经过手抄后阅读的。进入江户时代以后，出版成为一种商业行为，城市中开始有人经营书籍，大量发行印刷本，促进了知识的普及。下面要谈到的庶民文艺，作为出版、销售的商品被生产出来，这可以说是与以往的文艺作品之间的根本区别之一。封建统治者也许并不喜欢民众知识的开发，但是，民智的进步已经无法阻挡。

图 47　寺子屋

商人艺术的发展

知识的开发广泛惠及庶民阶层的历史根源，可以说来自这个时代商品经济发展与商人社会地位提高的基本趋势。为了最大限度掠夺农民，维护农业再生产成为封建社会存在的重要条件，商品经济的发展反倒是导致这一基本结构解体的有害现象。尽管如此，商品经济的发展带来了广大经济圈的形成，在这一条件下封建社会的确立才成为了可能，在进入太平盛世之后，这一最初的矛盾变得日益尖锐起来。依赖于土地作物的武士和农民，都被卷入了商品经济中，从而变得贫困，而另一方面，掌握商业资本的商人的力量得到了相对强化，总体而言，商人的社会地位在逐渐提高。

人口集中到了城市，上一个时代，京都人口为十万余、堺市为三万余、镰仓为一万余的程度，而到了这个时代的中期，仅商人人口江户为五十万、大阪超过了三十万。城市商人的要求，显然反映在文化领域中，商人文化变得空前繁荣。甚至明显反映武士政治要求的学术领域中，也出现了诸如伊藤仁斋和富永仲基那样的商人学者，这一点在前面已经提到。艺术领域中，武士保护下的猿乐能以及狩野派的绘画，丧失了作为新时代艺术的生命力，变得因循守旧、故步自封。被儒教乃至武士道的封建道德的教条以及礼数束缚，不得不压抑内心真实情感的武士，无法为文学艺术的发展作出贡献也应该是在情理之中吧。

迄今尚未完全掌握文化主导权的庶民，终于全面占据了时代文化的主导地位，迎来了庶民文化——严格而言是商人文化——的全盛时代。

元禄时代商人的文学艺术，首先应该提到的是俳谐。俳谐源自连歌，诙谐是其基本特色。抛弃了武士身份而成为市井隐者的松尾芭蕉，1681年（天和元年）开始创作高雅俳谐，将俳谐一跃提升到艺术的境界。芭蕉的俳谐，在把握自然的闲寂情趣这一点上，充分发挥了特色，高雅脱俗的精神，令人对前代的宗教境界浮想联翩。作为俳谐源流的和歌，素材局限在固有类型的自然与人事中，而芭蕉的俳谐则将热情的眼光投向一切日常事物，巧妙地将它们用作艺术素材，堪称顺应时代的大众艺术。

俳谐的起句开始进行独立创作，仅有十七个音节的短小诗歌形式诞生了，这在世界上也实属罕见，备受瞩目。而且，它不是少数专业俳人的专利，而是作为广泛民众都能欣赏的艺术普及开来，这也是值得重视的现象。正因为它是短诗的形式，具有任何人都能简单创作的大众属性，因此也存在着缺乏艺术提炼而易陷入平庸的危险。这一点暂且不论。尤其值得一提的是，芭蕉的俳谐，微妙地保持了饱满的艺术精神与大众通俗性的平衡，开拓了深湛的艺术境地。

其次须提到的是浮世草子。浮世草子，是由前代的御伽草子以及沿袭了这一传统的假名草子经过进一步演变发展而来的。俳谐作者井原西鹤，通过轻妙的俳谐手法，表现了以敏锐的写实精神捕捉到的商人生活的林林总总，从而创造出一种独特的文学体裁并成为文学史的主流。俳谐特征强烈的西鹤作品中，具有长篇构思的《好色一代男》《好色一代女》等作品，在长篇结构较为薄弱这一点上，与其奉为范本的《源氏物语》十分相似，但是，从敏锐观察商人享乐、牟利、蓄财等现实状况的早期作品，到明镜般映射出陷入贫困底层的人们的窘迫生计及其绝望心境的《世间胸算用》《西鹤置土产》等晚年作品，西鹤的创作堪称日本现实主义的一座顶峰。

第三点必须提到的是人偶净琉璃。自古以来民间流行由名为“傀儡师”的演员操作的人偶剧。人偶，最初是用于宗教仪式的咒物，逐渐变成了演出道具。另一方面，还出现了在三味线——战国时代从琉球传入的三弦改造后的产物——伴奏下表演说唱净琉璃的曲艺形式，此后，它与操作人偶的表演相结合，诞生了人偶净琉璃这一崭新的表演艺术。

江户时代初期的人偶净琉璃，以表演极端神勇人物故事为卖点的“金平净琉璃”等杂耍类节目风靡一时。到了元禄时代末期，出现了一位竹本义太夫，他创造了“义太夫调”，同时还有一位著名作家近松门左卫门，为义太夫创作了大量净琉璃，净琉璃终于作为一门艺术达到了高雅的境界。

近松也按照人们对人偶净琉璃一贯口味，在创作人偶动作幅度十分夸张的历史剧上煞费苦心，不仅如此，他还创作了写实地表现人情微妙的世态剧，如《殉情天网岛》等杰作，这类剧目更是受到了近代的高度评价。近松的净琉璃不是剧本剧（Lesedrama，即不以上演为目的、仅用于阅读的剧本），而是用于操控人偶的剧本，因此与西鹤的浮世草子等的自由创作不同，难免将登场人物概念化。但是，他又有别于西鹤那种用洒脱的客观态度来把握人生，对作品中的人物寄予了深切同情，近松优秀的剧作，尤其擅长表现义理人情冲突的悲剧主题，成功刻画了生活在封建社会中的人们深切的喜怒哀愁。这一点与不用真人演员表演而得以贯彻纯粹艺术创造的人偶剧特色结合在一起，造就了日本艺术史辉煌的高峰。

第四点必须提到的是歌舞伎。歌舞伎起源于阿国歌舞伎，由德川家康时代名叫出云阿国的巫女与名护屋三郎共同创造，并使之流行。最初是以舞蹈为主的单纯的表演，后来演变成有戏剧结构的演剧。元禄前后，出现了市川团十郎、坂田藤十郎等知名演员，大幅度提升了演出内容。表演场地，最初是模仿能乐舞台，观众坐在露天的地上观看演出，后来进入剧场演出（图 48），剧场中配有有屋顶覆盖的两层楼观众席、花道[1]、拉幕等装

① 歌舞伎演出中从舞台延伸出来跨越观众席的通道，用于演员登场，同时也是表演的空间。

图 48　歌舞伎剧场的内部
（早稻田大学戏剧博物馆提供）

置。仅歌舞伎剧场作为服务于公众的建筑物的出现，就已经是史无前例的事件了，可视为大众文化设施发展的一个象征。

第五点我想谈一下浮世绘的诞生。浮世绘的“浮世”与浮世草子的“浮世”相同，意为现代民众的风俗，是 1681 年（天和元年）前后菱川师宣所创立的画风（图 49）。表现现代风俗原本就是大和绘所擅长的，狩野派也有不少画现代风俗的作品，并影响了民间画家，创作出大量描绘沐浴女子娇态的“肉笔风俗画[①]”。浮世绘之所以偏爱画艺伎的姿容，大概也是对传统的继承吧。

① 肉笔风俗画区别于版画等形式，由画家直接画在绸布或纸上的画。

图 49　菱川师宣的美人回首图（肉笔画）

图 50　野野村仁清的彩绘紫藤图茶罐

但是，浮世绘的特色在于，将版画大量印刷后廉价出售，民众能轻而易举地购买。

这是与浮世草子等文艺作品作为印刷品普及同时出现的现象，并不单纯因为其题材是民众喜闻乐见的艺伎、演员、大力士的肖像，从它的传播形式来看，也配得上真正大众艺术的称号。版画的技术也从最初只有单色的墨印画，发展到以红色为主加上黄、绿色的朱印画。

最后谈一谈工艺品。随着大众生活水平的提高，消费水平也得以提升，形形色色的工艺美术品被生产出来，它们不再专属于统治阶级，而是为庶民阶层（当然，还是以城市富裕阶层为主）所广泛拥有，这是这一时代的特征。在机械生产以及工厂工业并不发达的这个时代，漆器、陶瓷、染织等商品生产也具备了下列条件，即用精湛的工匠技艺生产精雕细作、艺术品位高尚的商品，出现了尾形光琳的描金画，尾形乾山、野野村仁清的陶器（图 50）等优秀工艺美术品。光琳将宗达的画风进一步图案化，作为风格独特的装饰画名家在绘画史上占据了独一无二的位置（图 51），他的画风与其工艺美术家的身份绝不是没有关系。

元禄时代商人文化的特色

商人生活质量的提高表现在日常生活中的各个方面。早在桃山时代，大城市中不少商家就有了两层

图 51　尾形光琳的红白梅花图屏风

图 52　土藏造的商家

楼的店铺，到了江户时代，为了防止火灾，开始建造土藏造[①]建筑，大街上砖瓦顶土藏造建筑风格的商店鳞次栉比（图 52），气派委实不俗。

元禄时代，上下各阶层均崇尚华美风俗，流行艳丽的服装。城市商人尽管外表上豪奢，但并不代表服装领域取得了合理的发展，这一点不能忘记。人们习惯于榻榻米上的生活，尤其是经常需要长时间坐在榻榻米上的城市人，难免在服装上采用不便于站着干活的不讲效率的样式。今天和服中下摆和袖子都很长的“长着”“羽织”[②]等基本款型，便诞生于这个时代，其不合理的特征无疑直接来自城市商人的生活方式，所以完全不适合一年到头从事体力劳动的农民。直到近代，为了便于行动，种地的农民一直穿着由筒袖短下摆的上衣和细筒短裤组合的灵便服装。

“和服”的不合理性，之所以尤其表现在女性和服使用长袖和超长腰带等极端款式上，除了上述的原因，正如我在论述前代时提到的，与女性的社会地位低下也有关系。武士以及商人阶层中的女性们，既没有劳动任务，也失去了自主活动的自由，沦落到仅是男性欲望对象的地位，她们只能甘于哪怕牺牲合理性也要穿着与显

① 土藏造，四面涂抹泥灰、刷上白漆的建筑样式。

② “长着”是裙摆很长的和服，“羽织”是裙摆较短的和服，通常指穿在“长着”外的外褂。

示人偶般的“女人味”相匹配的不自然服装。如果认为在这种特殊社会条件下形成的“和服”的特色就是日本自古以来的服装传统的话，不得不说是一个巨大的谬误。

总之，商人文化既有大众健康的一面，又似乎难以避免极强的享乐主义倾向。商人文化反抗统治阶级非人性且伪善的阶级道德，强烈地流露出追求人类平等和自由的精神，这表明它站在时代前列发挥着进步的历史作用。但是，即便是西鹤，他针对连夫妻之间都要以上下尊卑之别加以约束、更将夫妻之外的异性间的爱情关系一律视为胡作非为的正统道德，让作品中的人物高歌恋爱自由，但最终也只是将这种恋爱变成了对满足肉欲本能的肯定，这也是商人文化享乐倾向的一种表现。

浮世草子、浮世绘的“浮世”，前面也已提到是现代风俗之意，说得更直白一些的话，其中也包含了“好色”的意思。师宣三成以上的作品是描绘性交场面的“春宫图”，这一传统一直沿袭到后期的浮世绘。虽然这源于自古以来在性方面就颇为开放的日本传统，但与上面提到的商人文化的倾向也不无关系。

商人的宗教信仰只集中在能为“生意兴隆”带来“利益”的神佛身上，完全丧失了对后世的恐惧，虽然这是贯穿整个时代的现世人生观的表现，但也是他们缺乏对人生本质的认真思考所致。

商人文化的这种特征，归根结底植根于其创造者——商人的历史存在方式中。虽然商人提高了社会地位，但他们终究局限在封建社会的藩篱中，将武士阶级当作主要顾客，从而寄生在封建体制上。由于商人并不像欧洲的资产阶级那样肩负与封建权力斗争、推动近代资本主义发展的重任，因此期待在商人文化中出现超出缓和封建文化扭曲现状的革新因素，是十分困难的。

正如近松的净琉璃作品中的人物台词所表现的那样，无论是武士还是商人，都认识到了人是平等的，他们将忙于挣钱的商人的生活理想视为与“武士之道”对立的“商人之道”。虽然他们已经形成了这种意识并引以为豪，但全然没想过在客观上动摇现实中存在的等级秩序。他们十分清楚，一旦武士动用权力，历尽艰辛积累起来的经济实力，根本无法与之正面抗衡。商人不拥有建设性乃至先进性行为的根基，只有一心往来于蓄财和消费两条道上，为了发挥财富的力量，他们难免选择不健康的生活方式，常常在花街柳巷一掷千金、穷奢极欲，前面提到商人文化中充斥着大量与花街柳巷密切联系在一起的内容，正是出自这一理由。

第七章

封建社会瓦解期的文化

封建体制的倾斜与商人艺术的成熟

商品经济发展所造成的武士和农民的贫困，随着形势的发展变得日益严重。1716年（享保元年）就任第八代将军的德川吉宗发动的享保改革，目的就在于抑制这一势头，并重新强化封建秩序。在第十代将军家治治下，自1767年（明和四年）以来掌握实权的田沼意次推行的政策是与御用商人联手，这不外乎表明他试图顺应商品经济发展的趋势。但是，官商勾结所产生的金钱力量公然横行，因而受到指责，导致田沼下台。1787年（天明七年），第十一代将军家齐治下，松平定信就任老中[①]，开始了宽政（1789年以后）的改革。他重新采用复古主义的政策，以整顿纲纪为目标，强行实施了诸如鼓励节俭、抑制奢侈、救济武士、防止农村荒废等各种举措。

1793年（宽政五年）定信引退，家齐掌握实权，整顿政治失败，上下阶层无不追求感官享受，迎来了文化文政的成熟时代。第十二代家庆治下成为老中的水野忠邦所尝试的天保改革，是在这一形势下为重新强化封建体制所做的最后努力。他不仅奖励节约、整顿风气、清理财政，还将江户周边区域划归为幕府直辖的领地，将农村的新兴商人置于幕府的直接管辖下，

① 老中是江户幕府中的官职，直属将军领导，辅佐将军执掌幕府内政以及大名等事务。

甚至试图实行带有极权主义色彩的中央强权政策。但是，这项政策招来了各方面的反对，忠邦不得不于1843年（天保十四年）下台，从此江户幕府走上了衰微的道路。

就这样，为了应对封建社会的矛盾激化，出现了试图抑制局面的复古干预政策和试图顺应局面的现实放任政策的循环往复，时代就在这一过程中前进。然而，在如此背景下，即便采取了复古政策，也不会如改革当事者所愿，结果只能沿着商品经济的发展轨迹，促进封建社会发生质变。并且，在复古改革政策的时期，整顿风俗、对商人文化严加管控成为常态。然而，来自外部权力的重压绝不可能培养出健全的文化，因此，无法阻止商人文化愈发成熟并走向颓废，也势在必然，甚至导致不健康的倾向愈演愈烈，如有人摆出迎合权力的姿态，有人表面上拥护政策暗地里却寻求出口发泄欲望。

城市商人无力开辟崭新的历史方向，他们的生活即便能托太平之福促使消费文化成熟，但无法形成有效的历史条件，为创造新时代积累革新动力。正如我后面要谈到的那样，值得充分肯定的是，力图脱离封建意识形态的思想界、学术界的运动大多来自商人文化发展的支撑。然而，尤其在谈到文学艺术时，与元禄时代形成对比，以文化文政时代为中心的封建社会瓦解期的商人艺术，一如平安时代后期的贵族艺术，尽管越发精致、日益洗练，但是，与其说它直接连接力量强大的历史进步的基线，不如说它是在死胡同中发展到了极限，之所以无法摆脱这一感觉，就是由上述的历史缘由所导致。下面，我想围绕这个时代文学艺术各领域的问题，探讨它们所展示的具体倾向。

文学艺术中，以西鹤为最高峰的浮世草子趋于僵硬的脸谱化并走向衰落，分化成读本、草双纸、洒落本、滑稽本、人情本等各种类型的小说本开始流行。

读本，是取材于历史的长篇读物。泷泽马琴耗时二十八年创作的《南总里见八犬传》，以长达一百零六卷的无与伦比的篇幅而著称。但是，该作品不但人物概念化，而且由于内容中充满机械地迎合封建道德“惩恶扬善”的意识形态而显得极不自然，它仅靠复杂的情节展开吸引读者，十分乏味。这种评价，也很适合于从红皮本、黑皮本、蓝皮本、黄皮本等一众幼稚画本中脱胎而出的草双纸，尤其是长篇多卷本。

草双纸的生命力在于它是更以插图而非文字吸引读者的配图小说。由一流浮世绘画家绘制的封面以及插图，是草双纸的巨大魅力所在，这一点与过去的画卷传统有关，是一种特别的艺术形式（因此，阅读只有文字的活字印本完全不能体会草双纸的妙趣）（图 54）。但是，草双纸的故事大多远离现实、荒诞不经，在插图中加入歌舞伎的舞台表演后，愈发显露丧失文艺作品自律性的倾向。

与前者相比，细腻描述花街柳巷中的嫖客与妓女对话的洒落本，虽然有些无趣，却忠实描绘了现实，因而十分自然。由式亭三马创作、从洒落本演变而来的滑稽本代表作《浮世澡堂》《浮世理发店》等，生动再现了聚集在澡堂和理发店的市井男女老少的对话，令人置身于当时庶民社会的真实氛围中。同样以滑稽本著称的十返舍一九的《东海道徒步游记》中，虽然加入了许多狂言创意中特有的编造成分，和《浮世澡堂》等相比缺乏写实性，但还是能从中读到江户商人乐观开朗的生活态度，趣味横生。

由洒落本演变而成的另一种读物——人情本，为永春水的《春色梅儿誉美》是其中的代表。它依然借助插图的魅力，在渲染背景情调的同时，以冷峻的笔触刻画花柳世界中男女的心理纠葛，再现发展到最成熟期的商人生活侧面，这一点上可谓取得了相当大的成功。从这一意义而言，人情本作为文化文政时代的文学，比起读本和草双本，应该说具有更高的艺术性。不过，它作为小说还是格局有限，缺少思想深度和高尚品位。总之，从它在颓废期中难成大器这一点上，不得不让人感到商人的文学艺术已经走到了尽头。

除了文字的艺术形式外，还诞生了大众娱乐的场所——寄席[①]，讲谈、落语等用耳倾听的大众文艺的兴起，是庶民文化的一个新现象。尤其是落语，作为以大

① 寄席是演出落语、讲谈等大众曲艺的剧场。

众日常生活为素材的喜剧艺术，经过一代代人的精益求精，到了现代仍然没有失去它的魅力。

到近松时为止一直是一个人操控的人偶，终于发展成三人操控，人偶净琉璃的表演技巧不断得以提升，剧本创作也在复杂的情节和多样的题材上下足了功夫（图53）。竹田出云、并木宗辅等合作的《菅原传授手习鉴》《义经千本樱》《假名手本忠臣藏》都是其中的代表作品，知名度极高。这一时期的作品，尽管整体上缺乏统一的基调，但惨死于礼教而将剧情推向高潮的场面，令观众为之泪下，也让人感受到民众中蕴藏着的对非人封建道德的批判，不失为动人的舞台艺术。

图53　人偶净琉璃

（现代的文乐的舞台，林嘉吉摄影，平凡社画廊，引自《文乐》）

不久，人偶净琉璃日渐式微，新内调、常磐津调、清元调等净琉璃的新流派兴起，它们与歌舞伎结合在一起，在酒席上演出，大受欢迎。

戏曲方面，歌舞伎剧本在结构上有了长足进步，幕府末期，出现了如鹤屋南北、河竹默阿弥等杰出的剧作家，他们以写实手法抓住现实世界的百态。作为传统艺术在今天依然拥有大量观众的歌舞伎，大致也在这一时期成形。歌舞伎作为歌舞剧，起步于以特定演员的个人魅力为卖点的表演艺术，并自始至终保持了这一特征。最终，剧本的艺术形式、内容的进步等价值不大被认可，依赖于主演的人气这一世俗特征十分强烈。与后期人偶剧的情况相同，歌舞伎纵然每一个舞台场景、细致入微的演技都有着吸引人的美感，但很少能在整体上打动人。歌舞伎在被视为类似于花街柳巷的不健康的娱乐场表演，演员被当成“河边乞食”的贱民，如此氛围之下，它没有机会将艺术升华也是理所当然的。

进入近代以后受到高度评价的商人艺术，宛如古代物语所经历的那样，在当时只不过是一时的消遣品而已。文学工作者也安于“通俗作家”之名，并不以迎合读者的口味为耻，因此，他们和古代的物语作者以及元禄时代的文豪们一样，缺乏正视人生、将全部热情倾注于创作的认真态度。虽然在不拘泥于儒教的伪善道德、肯定恋爱与性欲、直面活生生的人类情感等方面，他们表现出了儒学家身上没有的现实精神，但不得不看到，这些

图 54　多卷本《不知火谭》的一个画面。嘉永二年至明治初年出版。展现了奇异的妖怪、残暴的杀人和虐待、丑恶的疾病等异常情景，充分反映了颓废期的艺术特色

并不是在反抗封建正统道德的基础上所采取的态度，而是为了避免受到压制，在表面上迎合封建道德，张冠李戴打出“惩恶扬善”的幌子。既没有深刻的思想，又欠缺对抗现实的勇敢行动，也就难免落入猎奇的窠臼。读本、草双纸、歌舞伎等作品中，之所以充斥着残忍的凶杀、恶毒的阴谋、怪诞的幽灵妖魔、露骨的男女情爱的场景，以此来刺激读者的末梢神经，正是出自上述的原因（图 54）。即使在鹤屋南北、河竹默阿弥等在描绘社会世相方面极为出色的作家剧本中，也存在着如南北的《东海道四谷怪谈》等丑恶离奇的妖怪剧、默阿弥的《红碟破碟》等以性嗜残暴的场景为中心的剧目，由此能看到颓

图 55　绘金的歌舞伎图
（引自《太阳》1966 年 4 月号）

图 56　铃木春信的浮世绘

废期的艺术特色。但是，反过来说，这也可以看成是民众对封建社会的消极抵抗，是野性能量的发泄，是对固化的社会体制、因袭的道德的反叛。近年介绍的土佐画家绘金的歌舞伎图（图 55）等作品，强烈体现了这一特色。

韵文方面，俳谐落入俗套，值得瞩目的也就是运用华丽文字开创了新局面的与谢芜村以及如实反映农村生活情感的小林一茶等人。从“前句付[①]”的游戏演变而成的十七字诙谐诗的川柳，虽然后来走向了概念化，但在由柄井川柳任点评人的早期作品中，写出了许多敏锐抓住日常生活细微之处的杰作，与同是诙谐诗的三十一字的狂歌一样，都能从中读到太平盛世逸民的感觉。但是，由于这些诗歌也缺少认真思考人生的态度，因而没有对社会以及人生的辛辣讽刺，之后更是朝着“道破”“戏谑”等表现语言诙谐机敏的方向发展。

接下来将目光转到造型美术。浮世绘版画的技巧日益精致，成功创作出了色彩鲜艳的锦绘，涌现出一大批著名画家，如前代以来保持了浮世绘主要题材的美人图画家中有铃木春信、喜多川歌麿等人，演员的肖像画画家中有东洲斋写乐等人。春信以及歌麿的美人图，画出了极其优美的日本女性，深受人们喜爱（图 56）。然而他

① 前句付，杂俳的一种，在七・七的短句（前句）后接五・七・五的长句（付句）或反之。

图 57　东洲斋写乐的浮世绘
（大谷鬼次扮演的江户兵卫）

们的作品千人一面，缺乏个性美，而且只要与元禄时代的美人图相比便能发现，画中人有气无力，可以说是颓废社会中女性的极好象征。只有写乐的演员肖像画成功抓住了人物的鲜明个性（图 57），但也正因为此，他并未受到当时世人的欢迎，好像时间不长便封笔停止创作了。

为了给走进死胡同的人物画、风俗画打开一条通途，浮世绘风景画得以发展。接近幕府末期，出现了葛饰北斋和安藤广重两位天才，前者以《富岳三十六景》著称，后者则以《东海道五十三次》《江户名所百景》等深受欢迎。尤其是广重，虽然缺乏艺术深度和敏锐性，但他以沉稳的笔致，满腔热忱地描绘了在风花雪月等四季景物装点下的日本风土，取得了非凡的成就（图 58），较之略有古怪之嫌的北斋更胜一筹。

除了浮世绘版画，重视写生的圆山应举的圆山派、松村吴春的四条派，以温文尔雅的笔致描绘京都一带的风景，深受京城富商的欢迎，但在艺术上稍欠火候，无特色可言。南画派（文人画），学习和吸收《芥子园画传》画谱以及明、清的画风，迎合以汉学功底见长的知识分子的口味，与职业画家风格迥异的作品受到推崇，涌现出池大雅（图 59）、与谢芜村、田能村竹田等众多大家。他们充满诗意、超凡脱俗的作品散发着独特的气息，这一点的确是事实，但无法否认的是，他们的作品中也有着刻意卖弄清高的一面。

图 58　安藤广重的《洗马》
（《木曾街道六十九次》中的一幅）

综上所述，我们发现这一时代的造型美术没有达到堪与《信贵山缘起》以及雪舟、宗达比肩的高度，这一点也恰好对应文学艺术成果中没有出现能和《源氏物语》以及芭蕉、西鹤、近松等人作品媲美的情况。

然而，在这一时代的造型美术领域中，特别值得一提的是与西方美术界开始了交流。西洋画的传入早在十六世纪的南蛮文化时代已经出现，当时仅有一些依样画葫芦地模仿西方作品的油画。到了这个时代，通过荷

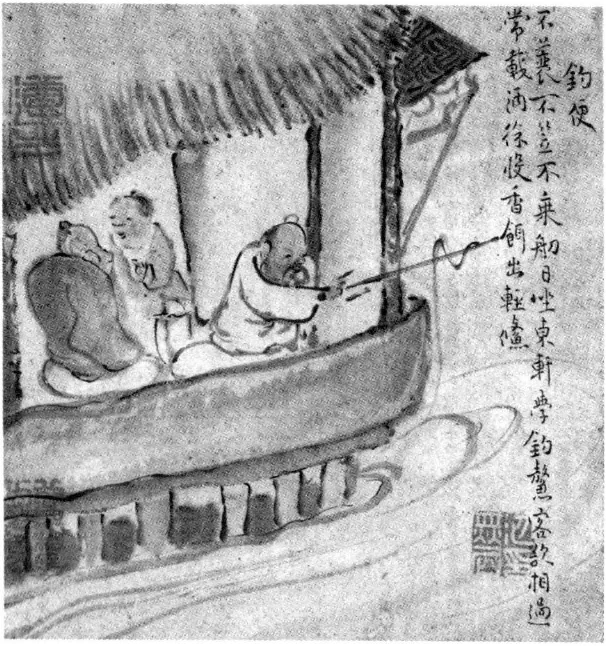

图 59　池大雅的《钓便》

兰传入的西洋画，与兰学的流行并行，不仅诞生了司马江汉等西洋画家，而且在日本画的领域里也引进了透视法等西洋画的手法，这一点在浮世绘版画中随处可见。如果没有对西洋画中写实主义的接受，也同样不会有南画家渡边华山肖像画中的逼真感。北斋、广重的风景版画中也明显流露着如描绘云彩等方面的西洋画技法痕迹。

但是，较之西洋画对日本产生的影响，更重要的是下面这一事实，即接受了西洋画影响的日本画，在幕末开国以后反过来输出到欧洲，给予西方绘画史决定性影响。后期印象派之所以能一举改变被古典写实主义的暗色画法捆住手脚的西洋画风，开创出以鲜明的色彩构成明亮画面的境界，其中固然有着各种历史条件的作用，但至少作为其中重要的一点，必须提到他们受到了北斋以及广重版画的色彩运用方法的刺激，这是毋庸置疑的事实。例如，以不用中间色过渡而直接配以原色震惊世人的爱德华·马奈的技法，虽然是从西班牙绘画的色彩感发展而来的，但决定性的因素更在于1855年前后频频引起巴黎画家们关注的浮世绘版画的影响，这成为后期印象派诞生的契机，他们脱离过去的古典式写实主义，建立了运用明亮的色彩和画家自由视点来进行创作的崭新画风。在莫奈等人的作品中也能明显看到这一影响。天才画家梵高也热心学习浮世绘，留下了色彩强烈、富有个性的作品。

大和绘虽然曾传入宋朝受到高度评价，也有狩野派的安土山屏风画赠送给罗马教皇的先例，但并没有对中国以及意大利绘画产生任何影响。然而到了浮世绘版画，在西方绘画史上产生了决定性影响，这对于过去一味接受外国文化而几乎没有机会对其作出贡献的日本文化而言，可以说是真正意义上划时代的现象。迄今为止有关日本文化对西方文化产生影响这一基本事实甚至都未进行过充分调查，因此，避免用现有的这点知识而作深入论述是比较妥当的。不过，在仅能找到俳句给予意象主义运动（1910 年前后在英美兴起的自由诗运动）的诗人们以影响等少数几个例子的当下，可以说浮世绘版画在世界文化史上的地位是值得大书一笔的事实（图 60）。

图 60　浮世绘对欧洲绘画的影响（梵高临摹的广重作品）

科学精神的诞生

追求消费型享乐的艺术领域，并没有响起迈向新时代的强有力的脚步声，但在学术和思想领域中却明确显示出了历史的发展方向。

前章已经谈到，在作为正统理论主宰思想界的儒学内部，儒学本身的权威受到否定，出现了探寻符合日本现实道路的思想。这种倾向，使得在这一时代中所形成的与儒学完全不同系列的两门新学科完成了体系建设，由此拓展了拘泥于将中国古典的理论思想视为最高权威的儒学时代所无法拓展的视野。其中一门学科是国学，另一门则是兰学或西洋学。

国学，是元禄时代的契冲提出来的，他试图从国语学的角度对《万叶集》等日本古典展开研究。荷田春满又加上了通过对日本古典的研究来阐明古代之道的思想性内容，经过贺茂真渊到本居宣长，无论在思想性上还是在学术性上都达到了集大成的高度。尤其是宣长，耗时三十余年，于1798年（宽政十年）完成了《古事记》的注释——《古事记传》，该著作作为对日本古典的缜密的实证性研究，时至今日也仍然是《古事记》研究者案头必备的力作，有着极高学术价值，再加上盲人学者塙保己一汇集众多日本古代典籍校订编辑的《群书类丛》五百三十卷，堪称国学家建立的最大功绩。

通过从文献学角度理解日本古典来探索“古道”的

国学方法论中，留下了深受徂徕学派古文词学研究方法启示的痕迹，徂徕学派试图通过研究儒教经典阐明孔子、孟子的古义。但在徂徕学派那里，将中国圣人的教说奉为绝对权威，而国学则相反，称颂从日本的古典中抽象出的日本古代之道是至高的理想，为了探求未被中国思想、佛教思想——用国学家的国语来说就是“唐心”“佛心”——扭曲以前的纯粹的日本古道，他们在古典的研究上倾注了全力。

上述的方法，意味着以颠覆徂徕学中国崇拜的形式高歌日本中心主义。与儒教思辨性道学理论同质的思想，和实证性学术研究密不可分地结合在一起，仅就这一点而言，不能说完全脱离了儒教的思维方式。他们攻击儒学家不了解脚底下的日本，只会一味地依附于中国的古典，极力强调研究日本古典的必要性，这是一个进步。但是，他们不正视日本的现实历史，只将眼光放在古代经典上，这也是直接承袭了案头学问儒教之局限性的结果。

从这一点上来看，国学还存在着无法脱离封建学术理论桎梏的一面，但是，它排斥前代以来学术研究上的通病——即对大师的学说囫囵吞枣，宣扬比起追求大师的学说，更应该追求真理，极力倡导自由讨论研究的精神，并且与儒教站在道德立场判断一切的行为相反，它主张事实真相比只停留在文字上的道德更重要，这一切都显示了前所未有的进步态度。

尤其是伊势商家出身的本居宣长认为，《源氏物语》

的本意并非宣扬儒教和佛教，而在于表现“物哀”，他阐明艺术不只是道德、宗教的手段，有独立存在的理由，强调恋爱才是人类真情最为切实的表现，日本古代文学艺术中之所以存在大量的爱情主题，是因为它们符合文艺的宗旨，而斥之为好色只不过是儒教的伪善。可以说他的言论从正面批判了封建思想，显示了新的思考维度。

尽管如此，国学家的视野仍局限在为古典研究打开新的天地，并没有跳出古典的框架直接面对活生生的现实，这是一个重大缺陷。在继承国学传统的人中，也出现了菅江真澄这样的人物，他的足迹踏遍了信州、东北等地的农村、渔村，仔细考察了连名字都没有的百姓生活习俗，写成了一部容量庞大的游记，并加入了自己画的漂亮插图（图 61），他的著作成为很久以后的柳田国男民俗学研究的先驱，因此，不能断言国学家中的所有人都无视古典以外的事物。但是，即便是真澄，其意图也并不是要在变化的历史现实中把握民众的生活，而是采取了通过民间传承研究古代生活习俗的向后回望的姿态。首先，真澄是否可称为国学家尚且有待商榷，作为一个旁系另类人物，他自然无法成为将国学从已经走入的死胡同中解放出来的突破口。

国学的主流封闭在游离于现实之外的古典文献学的研究中，甚至这一文献学的客观精神也被它自己背叛了，在世界观上也有着陷入了非理性神秘主义的一

图 61　菅江真澄著作插图
（引自男鹿史志刊行会《新译真澄翁男鹿游览记》）

面。与国学相比，科学态度远在其之上的则是兰学，或者说洋学。

国民的视野被锁国政策遮蔽了，看不到世界的动向，即便在这种状态下，人们对西方文化的强烈憧憬、学习热情依然无法阻挡。新井白石很早就开始关注西方社会，他从企图潜入日本的意大利人西多迪那里打听世界的情况，写了《西洋纪闻》这本世界地理书。恰好在此前后，采取锁国政策的日本留下的唯一出口——长崎，与荷兰之间有着贸易往来，人们以此为窗口，坚持努力学习西方文化。有人来长崎游学以及荷兰洋行人员一年一度的“江户参府[1]”，都被憧憬西方文化的人当成绝佳的机会加以利用。于是，只不过是一名贸易公司职员的洋行经理不得不穷于应付回答各种理论上的问题。

同时，统治集团也为了强化封建体制而认识到利用西方近代科学与技术的必要性。第八代将军德川吉宗，为了推行增产兴业的政策，重视实用的知识理论，从这个角度出发开始关注荷兰的天文、历法等，奖励兰学。只是，由于打击天主教，阅读西方读物受到严格限制，略懂一点荷兰语的只限于长崎的荷兰语译员，因此，学习西方的学术理论是一件极其困难的事。

医师前野良泽、杉田玄白等人，通过人体解剖实验确认了荷兰解剖书极其准确，而中国派的日本医学书则很不可靠。于是，他们经过呕心沥血的钻研，完成了对荷兰解剖书的翻译工作，1774 年（安永三年）以译名《解体新书》出版发行。这件事的前后经过在玄白的《兰学事始》中有详细的叙述。自此以后，通过荷兰原著学习西方学术理论的通道终于被打开了。

之后，大规玄泽写了兰学入门书《兰学阶梯》、稻村三伯出版了书名为《哈尔马和解》[2]的兰日辞典，为

---

① 江户参府，在长崎的荷兰洋行经理前往江户，拜见将军并赠送礼物的活动。

②《哈尔马和解》是以弗朗索瓦·哈尔马（François Halma）的《兰法辞典》为蓝本编制的荷日辞典。

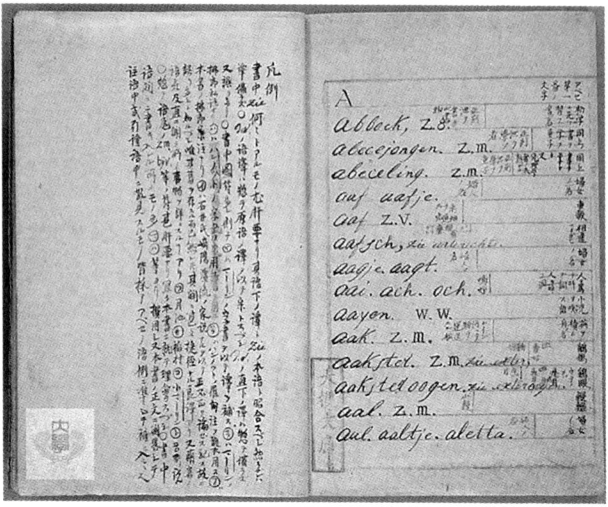

图 62 《哈尔马和解》
（早稻田大学图书馆所藏《江户哈尔马》）

兰学研究者提供了很大的便利（图 62）。进而，1823 年（文政六年）来到荷兰洋行的德国医生西博尔德，在长崎市外的鸣泷塾为从全国集中到此的学生系统讲授西方学术理论，这对于兰学学术水平的提高发挥了作用。

进入幕府末期，不仅向荷兰学习，开始更广泛地学习欧洲各国的近代学术理论和技艺，将兰学进一步拓展到与“洋学”这一名称匹配的广度。习惯于因循守旧的社会，并不是没有将洋学看作异端的倾向，但是，没有人能够否认洋学的价值，因此，幕府和各藩竞相竭尽全力引进洋学。

作为南蛮文化的一环得以传播的欧洲学术理论，在禁止天主教的政策下，还未来得及生根便消失得无影无踪。日本开始接受近代科学的知识和方法，是学习洋学带来的结果。就像前面详细阐述的那样，日本虽然在艺术和宗教领域中创造了足以在世界上引以为傲的高度发达的文化财富，但是，几乎没有建立起称得上是科学的理性知识体系。

进入江户时代后，宗教超验的世界观终于失去了力量，人们越来越强烈地关注现实，其结果，即便是继承中国式传统学术体系的学者，实证性探求的精神也变得高涨起来。例如，先于前野良泽等人的人体解剖学，1754年（宝历四年）名为山胁东洋的学者就展开了人体解剖，并以《脏志》为题发表了该实验记录。可以说日本人就这样在科学研究的历史条件齐备的基础上开始学习洋学，并因此终于找到了掌握科学认识方法的道路。

无论是前野良泽、杉田玄白、西博尔德等人通过实验打开以生理学为基础的西方医学的门户，还是志筑忠雄研究天文学和物理学并写作《历象新书》介绍地动说，平贺源内尝试制造温度计和发电机（当时的人将电称为“爱来科特儿[1]”），伊能忠敬实测日本国土制作精密的日本地图，这些实例无疑都是成功学习近代科学所收获

① 爱来科特儿，日语外来语，来自荷兰语的“elektriciteit”。

的成果。

不过，值得注意的是，这些实例均局限在自然科学及其应用技术的领域中。在封建学术理论牢牢统治着人的思想的时代，学习与日本社会结构迥异的欧洲的社会科学和社会思想是完全不可能的。因此，统治阶级积极采用洋学，也仅限于用以强化封建统治的目的，不用说他们处心积虑地排除了有可能引发对封建体制批判乃至怀疑的内容。到了幕末，在不得不放弃锁国政策，外交问题显得更重要以后，无论是幕府还是各藩，更加竭尽全力地引进洋学及其技术，但是这些也都集中在能对强化军事力量发挥作用的军事科学上，恰好说明了上述这一点。

1850 年（嘉永三年）锅岛藩设计反射炉制造大炮，稍后萨摩藩主岛津齐彬也创建精炼厂，开始了军事机械的制造。开港后，萨摩藩在英国的援助下开设了机械纺织工厂，幕府也在法国的帮助下在横须贺建造了造船厂，这些事例都显示出接受近代科学和技术的历史特殊性。

幕府于 1857 年（安政四年）创立“蕃书调所”（后改名为“开成所”），这是官方开设的研究、教授西方科学的机构，它作为今天东京大学的前身，在日本学术史上占有重要地位。但是，在这里研究、教授的诸多学科，都直接间接地服务于军事目的。甚至一眼看来与军事没有任何关系的图画课程，也是为了学习作为军事科学基础的制图技术而开设的。将洋学的历史作用看作仅是服务于重新强化封建体制虽说有些片面，但也无法否认有这一侧面。

不过，我们也不能无视这一点，即通过学习洋学，日本人极大开拓了观察世界的视野。工藤平助撰写《赤虾夷风说考》，提出开展与俄国贸易的方案，田沼意次按照这一意见开始开拓虾夷地；本多利明执笔《西域物语》一书，主张通过建造巨轮、开放门户与西方各国展开贸易交往使国家富强起来，正如从这些观点中所能看到的那样，他们已经意识到了封闭在狭小的日本死守锁国政策是多么愚蠢，而离开洋学拓展了世界认识这一背景，这种意识的产生是无法想象的。

但是来自欧美列强的压力出现之前，统治者们所做的就是贪睡在锁国的温床上，哪怕只是多一天也好。林子平撰写了《海国兵谈》一书，预言西方各国将要进入日本，对此敲响警钟，但他被冠以扰乱人心的罪名受到处罚，统治者要做的只是极力防止人民睁开眼睛认清世界形势。兰学家渡边华山、高野长英等人举办取名为“尚齿会”的聚会，交流知识。相当通晓西方社会的他们，批评幕府下令驱赶外国船只是错误的行为，华山执笔撰写《慎机论》、长英执笔撰写《梦物语》，各自陈述批评意见，结果他们都遭到了幕府的处罚。所谓“蛮社之狱”就是指的这一事件，可以说洋学作为批判封建社会的新思想而发出的萌芽，就这样被摘除了。

在那之后，西周赴荷兰留学，学习康德等德国哲学；

加藤弘之在蕃书调所的藏书中觅得西方政治学、经济学等著作，引发了兴趣，他从中了解了议会政治的长处；福泽谕吉奔赴欧洲，发现西方万人平等，不存在日本那样的等级制度，对此羡慕不已。上述的事例说明，人们开始放眼西方哲学和社会思想，不过，这些都是发生在明治维新前不久的事。从这一意义上来看，江户时代的洋学，就社会现象以及人生观的领域而言，在日本人中间传播近代精神方面没有起到太大作用。

社会革新思想的发展

放弃了哲学和社会思想领域研究的江户时代的洋学家们，在实践的行为原理上，依然只有支持封建伦理，这也是为了强化封建体制而采用洋学的统治阶级所期待的。“东方道德、西方艺术（技术之意）”这一佐久间象山的言论，可以说典型地指出了洋学的应用宗旨：站在封建伦理这一主体立场上，对自然科学以及应用技术加以利用。

但是，封建社会正在瓦解的这个时代的历史趋势，通过日本人的体验，也并非没有培养起对封建社会或者说对幕藩体制的批判。因此，即便没有系统学习西方近代社会思想，也必然会自发地产生革新思想。明治宪法下的统治者，为了强调“国体观念”是日本固有的传统精神，将近代政治思想和社会思想统统视为崇洋媚外的舶来观念加以排斥。但是，不能不看到下面这一事实，即近代社会意识，在封建社会的瓦解期已经在日本人的现实生活体验中诞生了。与西方的古典式近代社会为母胎的民主主义以及社会主义不同，封建社会的忤逆子，即江户时代的革新思想，难免存在逻辑上不成熟、思想方法错误等弱点，但是，正因为有了自生的砧木，才使得嫁接明治以后的西方思想成为可能。因此，从观察日本近代思想发展前史的角度出发，应该说这一时代的社会思想所具备的意义绝不能小觑。

1752 年（宝历二年）前后的时期，安藤昌益撰写了《自然真营道》（图 63）、《统道真传》等著作，创立了自己的哲学体系，即便在那样的思想体系中，他的思想也堪比一座无与伦比的高峰。

他在思想体系的中心建立了一个破天荒的命题，即任何人都应该自己从事耕作劳动，通过生产谷物来维持生计，自己不从事生产劳动，而依靠无偿掠夺他人生产的谷物来生活的人是盗贼。进而他又运用这一根本原理严厉批判了一切历史性、社会性现象。按照他的观点，自古以来人们靠自己劳动生存从而维持了“自然世”的社会，但是，后来出现了圣人，在他们宣扬虚伪的道德之后，便进入了由天子、将军、大名、商人等依靠掠夺他人粮食来生活的盗贼统治的“法世”时代。今天，世间存在的犯罪、作恶、战争等种种弊端都由此产生，不铲除盗贼之根，世间将充满罪恶、永无宁日。废除士农

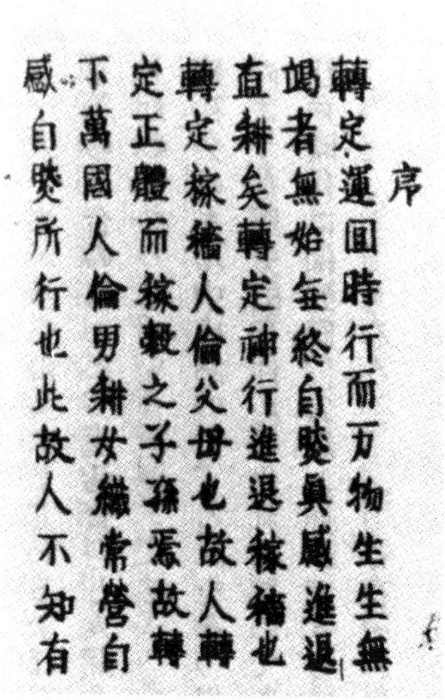

序
轉定運回時行而万物生生無
窮者無始無終自然與感進退
直耕矣轉定神行進退穀穡也
轉定穀穡人倫父母也故人轉
定正體而穀穀之子孫焉故轉
下萬國人倫男耕女織常營自
感自然所行也此故人不知有

图 63　安藤昌益的《自然真营道》

工商四民的差别、统治者与被统治者的差别，让天下所有人建立没有高低贵贱之分的平等关系，回到人人耕田织布、通过自己的劳动来丰衣足食的“自然世”的社会，这才是终极理想。

他不仅全盘否定了阶级的对立、权力的控制、封建的身份等级制度，从根本上彻底批判政治体制和社会构造，而且，对男尊女卑的家庭制度进行了激烈抨击，他认为，一个男性与多个女性交配是禽兽之道，一夫一妻昼耕夜交，在没有上下之分的平等结合的基础上不断进行生活资料和人的再生产，这才是人类之道。

身处封建社会的中心，从根本上否定封建社会，这一果敢的独创思想究竟是在什么样的历史条件下诞生的呢？昌益思想中过于彻底的观点，在江户时代是断然不能公然发表的。他的主要著作并没有多少人读到，甚至他的存在本身也几乎不为后世所知，到了明治之后才终于被人发现，关于他的生平也有众多不甚明了之处。

昌益曾在八户开业行医，后来回到故乡秋田的仁井田（现大馆市的一部分）并在那里去世，除此之外还有几个弟子的名字为人所知，仅此而已。他大概在东北地区亲眼看到落后农村的现实情况后，开始思考从事高尚的生产劳动却在穷凶极恶的掠夺下堕入生活最底层的农民贫困的原因时，终于发现了社会矛盾的本质，从而成功展开了自己的独立思考。当昌益反思自古以来一切思想尽管并不支持却都不得不默认阶级统治和剥削这一事实时，才第一次从正面开始研究这个根本问题，确立了站在劳动人民的立场上为其正确代言的哲学，可以说他在日本思想史上所占的地位极其重要。

拥有远远高于时代水准的激进观点的昌益思想，只是一座孤立的高峰，并没有出现发展他思想的后继者。并且，以落后农村为背景展开思考的昌益，将消灭武士阶级的剥削和商业资本的侵蚀、回到农村自给自足经济的原始状态视为理想，并没有预期通过发展生产力实现近代化。因此，他的哲学只能采取以回到古代“自然世”为目标的复古主义逻辑，而无法突破局限，正确把握现实的历史进程。

从这一点上来看，昌益伟大的哲学体系存在着最终未能摆脱被封建社会常识所束缚的一面。但是，试图正确理解历史发展、打破封建意识形态陋见的思想在其他各方面都已经开始显现——尽管尚未达到昌益彻底革新思想的高度。

当然，江户时代也在各个领域中发展了生产力，但是在封建等级制度和锁国政策下，不可能期待生产力的飞跃，树立将扩大生产力作为人类活动目标的积极人生观是十分困难的。因此，社会上广泛通用的道德是克制消费，即节俭，这是重要的道德标准，甚至出现了这样的训诫：如果不能忍饥挨饿，不去努力培养哪怕发生火灾也绝不加快脚步的涵养，就无法成为有钱人。但是，不久也诞生了通过积极发展经济、增强社会生产力才是人的最高使命的新思想。

平贺源内无论在文学艺术还是在科学技术方面都是天才型的人物，但在业已固化的社会条件下，他的才能没有施展空间，他于1779年（安永八年）病死狱中。他曾说，别人见到身边的绵羊脑子里想的只是挣钱，而自己考虑的却是怎么让日本也能生产出毛织品，不再需要从外国进口，用自己力所能及的智慧，为国家发明有用的工具。显然，他在为社会增添财富中找到了生存价值。

到了活跃于文化年间的海保青陵，其思想进一步完善并形成体系。他在著作中论述道，表彰孝子对自己来说完全是无法理解的无意义的事情，与其做这些事，不如当有人从其他国家引进本国没有的植物来栽培，或者制造出巨轮向别国出口物产增加本国的财富，对他们的行为加以奖励，这样做有意义得多。武士依靠掠夺农民坐享其成，造成了鄙视商业的后果。青陵批判这种陈腐的思维，他说大名不也是年年卖粮换钱用以支撑各种开支吗？如果不做生意一天也活不下去，现在不是嘲笑做生意的时代，一边嘲笑做生意一边做生意的武士，他们等于在嘲笑自己。青陵表明了对流通经济、交换经济发展的历史必然性的正确认识。

无论是源内还是青陵，他们所做的最终都是站在武士本位的立场上提出重商主义的富国政策，并没有对封建社会的本质进行批判。虽然在这一点上他们的思想中没有包含昌益思想那样的深刻洞见，却强烈反映出在昌益那里缺乏的对历史发展的自觉意识，不仅如此，他们超越了封建社会重农主义的正统思想，指明了新的社会发展道路，作为革新思想的萌芽，他们理应受到高度评价。

古典式重农主义，实际上是强迫农民从事过重的劳动，只是在美化抑制生活水平提高的非人性农民政策而已，它缺乏促使农业生产力进步从而提高农民地位的积极态度，对此，幕府末期的农学家大藏永常详细研究了商品作物的栽培技术，思考如何才能让卷入货币经济而痛苦不堪的农民提高哪怕些微的生活质量。不同于元禄时代农学书的代表作《农业全书》主要研究谷物生产的技术，永常的农学书《广益国产考》中的研究甚至涉及了农村家庭工业的原料栽培，就是出于上述的目的。为了启蒙安于原始陈旧的技术、不愿引进新技术的保守农民，永常实证性地研究农具的种类，减少农民体力劳动的负担，在积极寻找增产的方法上狠下功夫，他的思想即便缺乏对封建社会中农民地位的省察，也远比全盘肯定原始的农业技术并试图仅依靠对体力劳动的强化和统治阶级的温情来复兴农村的二宫尊德的思想，更符合历史发展的轨迹。

上述事例意义上的革新思想，也以某种形式包含在随着幕府接近末期而逐渐盛行的尊王论和攘夷论中。这些思想中，无疑完全不包含从根本上变革封建社会的意图。甚至尊崇天皇与忠诚幕府都毫不对立地相互并存，水户学的尊王论最清楚地反映了这一点。但是，开始强调迄今为止被彻底无视的皇室的存在理由，这对幕府来说并不是一件值得高兴的事。

1759 年（宝历九年），面向京都的贵族宣讲尊王论的竹内式部受到幕府的追究并流放，1767 年（明和四年）常常为皇室的衰落哀叹的山县大弍，被以在军事学的课堂上谈论江户城、甲府城的进攻战术为由处以死刑，这些事件或许都有点小题大做，但是，随着幕府的政局变得越来越不稳定，尊王论开始作为倒幕运动的政治战术而发挥作用。甚至包括本居宣长在内，国学家们也采取了顺应现状的保守态度，即便在宣长门下，既有伴信友等仅继承宣长的实证性学术研究的人，也出现了如平田笃胤那样的人，他们进一步发展国学复古神道，阐述激烈的实践性论点，在动荡的幕府末期的社会中，广泛给予地方乡士以及豪农阶层以巨大影响。

1853年（嘉永六年）以佩里来日为契机，在“黑船”所象征的欧美列强的近代军事力量压迫下，日本实施了门户开放政策，同时，在难以抵抗的资本主义生产的推动下开始了与欧美的贸易。在上述冲击下诞生的攘夷论，也具有朴素意义上民族主义的倾向。

历史上日本与外国的交往，暂且不提已被遗忘的久远的古代，除了蒙古袭来和丰臣秀吉出兵朝鲜等例外，基本上都停留在文化的交往，几乎没有积累国际政治的经验。因此，接受外来文化时的宽容态度自然成了常态，除了禁止天主教，可以说从未出现过排斥外国思想的情况。

但是，由黑船恐慌和贸易带来的物价飞涨所激起的憎恶感，前所未有地点燃了排斥外国的思想，与此同时，相对外国而言的“日本”这一国家观念第一次在日本人的心中生根发芽。然而，封建社会的日本，国内分割成与无数独立国家毫无二致的藩，而且人们在等级制度中被严格区分开来，民族和国家都还没有形成统一的实体。攘夷论者在朝这一方向靠拢时，他们必然会模模糊糊地考虑到通过扬弃封建式分裂来达成民族国家统一的目标。尊王论者与这一目标结合时，则形成以天皇为君主的民族统一这一极权主义的国家意识，1858 年（安政五年）在安政大狱中被处死的吉田松阴等幕末尊王攘夷论者，他们的思想历经曲折开始逐渐摸索这一目标。

尊王攘夷论作为变革的能量发挥出巨大作用，更加重了它的历史意义。但不能忽视的是，其思想内容未必找到了历史进步的正确方向。在主要受到等级制度重压而心怀不满的下级武士支持下开展的尊王攘夷运动，很难指望它展现出未经扭曲的近代社会蓝图。

脱离民众力量的幕末的所谓志士们，企图恢复天皇这一古老权威，其本身就是开历史倒车的行为，发展到试图阻止欧美列强发展的攘夷论，从一开始就只是不可能实现的违背时代潮流的空谈。变革的力量，鼓吹着这种错误的观念却反而在现实中发挥了巨大历史作用，这种结果上的矛盾，进而孕育了与明治维新以后的日本命运相关的重大问题，总之，从中可以让人感受到近代日本诞生时的剧烈阵痛。

但是，仅仅将尊王攘夷视作幕府末期改革的唯一指导力量是不恰当的，那只是由所谓的志士们创立的明治政府通过历史教育等手段强调的一种解释而已，目的在于夸大其词地宣扬自己的业绩，同时美化天皇崇拜与军国主义的历史系谱。我们也要看到，这一时代还是存在着与历史的本质直接联系在一起的思想潮流，那就是农民在政治上的觉醒，尽管表面上没有尊王攘夷那么轰轰烈烈。

较之因为处于封建社会的边缘反而相对受惠的商人，农民背负了封建社会矛盾所带来的一切不良后果，他们无法像商人那样轻松地讴歌太平，无法安于维持现状。商品经济的发展，带给武士贫困，这使得他们进一步增收年贡，让原本就苦不堪言的农民生活变得更加沉重，加之自然灾害，给他们造成破坏性的影响。

农民被分散在农村狭隘的社会圈中，没有建立阶级性组织的条件。由于高强度的劳动和低水准的生活，在既缺乏知识又缺乏觉悟的农民中，无法诞生打破这一悲惨状况的革命性思想。虽然旨在反抗各种沉重压迫奋力揭竿而起的农民暴动，充其量每一次只是为一个当时的具体目标——如为了减免年贡等——而抗争，但是连续暴动的波涛，可以说在整体上为加速封建体制的解体起到了巨大作用。

其中，站在暴动最前沿而死于非命的牺牲者的名字，就像有名的佐仓宗五郎那样，被视为“义民”的榜样而传颂，到了幕府末期的动荡年代，被编入化缘谣（化缘的僧侣所表演的曲艺）演唱，或编成歌舞伎的剧目上演，发挥了激励大众的作用。

事态并不止于暴动之类的激烈运动，各地农民通过诸如监督村吏、罢免行为不端的村吏、促使村里的开支负担合理化等对日常生活中村政的运营和改革，逐渐提高了政治上的自觉意识。他们发现农民贫困的原因来自武家财政的混乱，进而，他们甚至对统治者提出了政治改革的要求，这种发挥高度政治意识的实例绝不仅是一两个。

在这一农民觉醒的背景下，幕府末期的暴动中，开始出现了着眼社会体制根本性变革对“社会改良”抱有幻想的人物。近年来的研究表明，明治前十年的自由民权运动虽然短暂，但以农村为基础的革命热情空前高涨，探究其历史条件，可以一直回溯到幕末农民在政治上的成长，这或许已经很接近历史真实了。

农村中没有如城市商人那样创造的灿烂文化遗产。但因此无视以农民为主体的珍贵文化传统的意义，则是不正确的。也许农民没有可用来消费的颓废艺术，但他们在极度困难条件下发挥的斗争精神，不正是日本文化史上几乎唯一的民主主义运动遗产，是现代的我们必须继承和发展的宝贵传统吗？

文化的地域性以及社会性传播

上面已经提到，战国大名在全国各地撒网似的建立了强有力的政治社会，其结果使得局限于京都一带的文化传播至全国。丰臣秀吉的统一使京都得以复兴，迎来了太平盛世，有着悠久文化传统的京都一带的优越地位显然坚固而难以动摇。虽然德川家康在江户建立幕府，但随着镰仓以及其他东国文化的衰微，关东地区的文化氛围也变得更加淡薄。依靠商业城市——大阪的繁荣，江户时代前半期的文化以京都一带为中心展开。宗达、光悦、芭蕉、西鹤、近松，以及仁斋、仲基、契冲、春满等，只要浏览一下代表这一时代最高水准的文化功臣的出生地，便能发现他们不仅都出生于京都一带，而且除了移居江户的芭蕉之外，也都活跃在京阪地区。

江户时代到了后半期，文化中心移至江户。既是仁斋的后辈，又与仁斋一争高下而另创古学流派的徂徕，以江户为根据地倡导古文辞学，1738 年（元文三年）贺茂真渊移居江户，在东部地区宣扬国学，这些都是象征文化中心移至江户的现象。文化文政时代的艺术家，山东京传（洒落本、读本的作者）、马琴、三马、一九、柳亭种彦（著名的多卷本《偐紫田舍源氏》的作者）、春水、歌麿、北斋、广重以及南北、默阿弥等人基本上都出自江户，这一点与元禄时代截然不同。

因此，到了这一时期，江户语取代长久以来作为官方语保持了其权威的关西方言而一举夺得官方语的地位，也就不足为怪了。《平家物语》中有一个笑话，使用关东方言的木曾义仲被京都的公家贵族嘲笑为乡巴佬。而《浮世澡堂》中的故事说，说江户话的女人和说关西话的女人发生口角，结果，前者用关东方言说的“走者、回家去者”是“走咯、回家咯”[①]的老式说法，被

① 原文：关东方言的“行くべい、帰るべい”是“行くべし、帰るべし”的老式说法。

当成优雅的语言，于是她胜利归来。这些妙趣横生的故事，可以说象征数百年来文化落后的关东地区今天终于成为文化的中心。

但是，文化中心移至江户，并不意味着文化从京都一带移到了江户。我们必须看到，这倒不如说是文化不再局限于京阪这一发达城市集中的地域而扩大至全国，在这样的过程中，尤其是作为政治中心而成为拥有日本最多人口大都市的江户，出现了文化繁荣的现象。

大名的“参勤交代[①]”以及商业往来所带来的国内交通的发展，使得全国的文化交流活跃了起来，通过俳谐师的旅行、民众参拜神社寺院等活动，文化在全国的传播变得更加广泛。正如我在上面才谈到的那样，江户文化人才辈出，但是文化人并非都集中在江户。如安藤昌益那样与当时的思想界没有任何交流的孤独巨人，生活在八户以及秋田等偏远地区其实也不足为奇。同样，本居宣长在伊势的松坂设立门户，完成国学并教授给全国各地的弟子，这一事实也值得关注。其他如创立独自自然哲学的三浦梅园住在丰后杵筑，南画大家田能村竹田是丰后竹田村人，诸如此类的例子不胜枚举。正如幕府开设昌平黉以及蕃书调所等官学那样，诸藩也在“城下町”各自开办藩校，其中米泽藩的兴让馆、水户藩的

① 参勤交代，江户时代幕府为管理大名而设立的制度，每隔一年地方的大名必须赴江户幕府任职一段时间。

弘道馆、名古屋藩的明伦堂、萨摩藩的造士馆等特别有名。各藩校中，都有颇有名望的学者担任教官为学生上课，大大促进了学术理论的传播。

幕府以及藩的学校只是以统治阶级的武士为对象的教育机构，但是为庶民服务的教育机构也得到了迅速普及。高等教育机关的乡学（图 64），大多是民间有识之士在藩的援助下设立并维护的，据记载只有两万石的小藩——伊势崎藩中有二十四所乡学，其中如嚮义堂等乡学的校舍保存至今。

此外，更不用说的是作为初等教育机构的寺子屋的大量涌现。据传 1722 年（享保七年）前后仅江户市内就有八百多名寺子屋教师，调查显示，到幕府末期迄大约出现过一万五千多所私塾和寺子屋。在没有得到确认的地方上，全国范围内也只有一两国有寺子屋的存在。由石田梅岩首先开创、后由手岛堵庵等人推广普及的旨在教化庶民的通俗讲座——“心学[1]”，也以惊人的速度流行开来，从陆奥到筑后的三十多国开设了讲堂。

居住在城市里的商人，当然也在忙于家业的同时开始追求学术理论和艺术修养，城市文化达到了成熟的地步也不足为奇。也因为如此，城市与农村之间产生了文化差异，这一点在前一章中已经谈到。即便我们能够看到农业生产力进步的痕迹，但是技术上的改良比较引人

① 心学又称为“石门心学”，是由石田梅岩首先开创的伦理学派。

图 64　乡学的讲堂
（冈山藩的闲谷黉）

注目的还是偏重于对收割之后作业的合理化，如发明铁制的木齿耙（图 65）以及筛车等。无论是播种还是除草，持续着自古以来的原始方法，因此从事耕作的农民的生产劳动不管怎么说都是非常艰苦的，在残酷的掠夺下，农民生活无法全面富裕起来，农村缺乏接受高水准文化的条件。

与城市相比，无论是播种、收割、铺屋顶等生产劳动，还是婚礼、葬礼等红白事，农村中部落共同体的连带意识极为强烈，农民甚至不能按自己的想法自由劳动、自由休息，根本无法使得以个人创意和修养积累为基础的高级文化在那里生根发芽。在狭小的部落中反复从事原始劳动的农民，难以形成宽阔的视野和对未来的展望，

图 65　木齿耙

也在情理之中。

农民最大的历史作用，不在于创造学术理论、艺术、思想等高度发达的文化，而在于他们承担着作为一切文化物质基础的农业生产，以及从与生活直接关联的拼死反抗中自然培养起的朴素的民主主义精神，这是历史的条件所赋予的。

但是，同样是在农村，能成为文化代表者的条件因不同的阶级而截然不同。既能积累财富又免于体力劳动消耗的富豪地主阶层，随着文化从中央城市普及到全国，他们成为强大的文化代表者。平田派国学进入农村，称得上文化渗透到农村富豪的最好例证。

根据对本居宣长的门人所分布的阶层进行分析研究

得出的结论，可以看到以下统计数据：商人一百六十六人、农民一百一十四人、神官六十九人、武士六十八人、医生二十三人、女性二十二人、其他两人。这些数据，实际上清楚证明了国学是庶民的学问，尤其值得关注的是商人占了第一位。这可能是因为重情而又保守的宣长的思想和学问十分符合商人的特性吧。

但是，到了平田笃胤的门人，情况就发生了巨大变化，农村的神官和地主阶层占了压倒性的多数。笃胤门下出了很多如下总的富豪宫负定雄那种人，他们列举村吏的职责，详细论述农村的生活规范，研究农业技术。正如学者们经常指出的那样，所谓的“草莽国学”，成为幕府末期文化史上不容忽视的重要因素并发挥着作用。

我们无法直接将文化的地域性、阶级性普及与文化实质的进步联系在一起。无论是在全国普及的“心学”，还是渗透到农村富豪阶层中的“草莽国学”，都是为了解决封建社会激化的矛盾、让民众顺应统治体制的思想善导运动，在这一点上，与贫农大众从文化的不毛之地起步，本能地沿着历史进步轨迹前进的直接行动相比，究竟哪一个更重要，大概还要打个问号。

无论什么文化都不是一成不变的。广泛普及的文化在内容上虽说并不具备很高的价值，但无论如何，过去被少数特权阶层独占的学问和艺术，开始变得能够为全国大多数的民众所享受，仅就这一点而言，也必须看到这是历史的重大进步。我们不能无视，明治以后的近代文化，虽然难以避免地走了一条曲折的道路，但是以国民为基础而发展的历史前提，已经在这个时代逐步建立起来了。

和城市相比，农村固然是文化的落后地带，但农村也有以农村生活为基础的文化，就像前面反复强调的那样，它与屡屡陷入颓废的城市文化相比，实质上有着更为健康的长处。如农民的住宅，有着与商人兼作店铺的住宅不同的建筑特色（图 66）。进入二十世纪后，因柳宗悦强调了其特色而备受关注的民间工艺品中，固然有城市中的泥绘、大津绘等作品，但在纺织品、染制品、蓑衣（图 67）、陶制品以及其他日常生活使用的杂品中，有大量农村制作的物品，它们与所谓的高级工艺品迥异，渗透着丰富的人性美。它们中的大部分，无疑应该是近世农民在实际生活中创造出来的。当人们不再将艺术限定为是远离大众生活的高级产物，而将实际生活用品也包含其中并力图从中发现美时，日本的传统才在进入近代以后，在全国的各个角落遍地开花。

图 66　农民的住宅

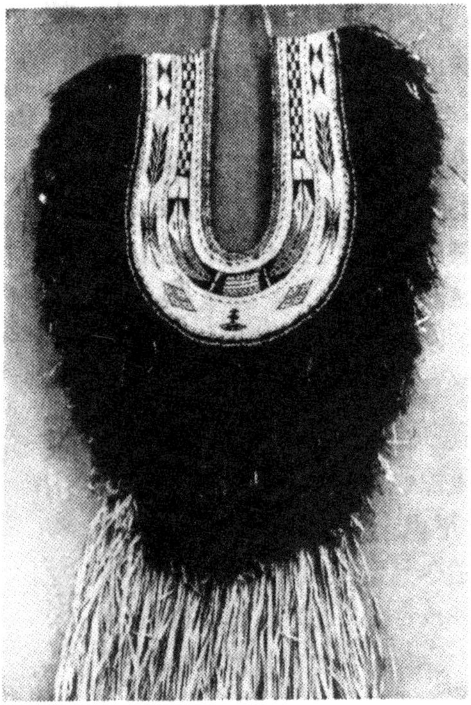

图 67　农民制作的蓑衣
（引自《柳宗悦选集第八卷》）

日本文化史简表

世纪	公历	年号	日本文化史史实（括号内为日本史和世界史史实）
前100？			绳纹文化时代开始
前5			（雅典全盛期）
前2？			弥生文化时代开始
4？			（大和政权成为日本统一政权）
4	395		（罗马帝国东西分裂）
6	538		佛教从百济传入日本
7	607		向隋朝派遣使者
	618		（唐朝建立）
	622		圣德太子去世
	645	大化1	（大化革新开始）
8	710	和铜3	（平城京奠都）
	712	和铜5	《古事记》完成
	752	天平胜宝4	东大寺大佛建成
	794	延历13	（平安京奠都）
9	804	延历23	最澄、空海赴唐留学
	858	天安2	（藤原氏开始摄政）
10	905	延喜5	《古今集》完成
	907	延喜7	（唐朝灭亡）
	960	天德4	（宋朝建立）
	985	永观3	源信著《往生要集》
	995	长德1	（藤原道长掌握政权）
11	1004	宽弘1	紫式部开始创作《源氏物语》
	1053	天喜1	宇治平等院凤凰堂建成
	1086	应德3	（院政开始）
	1096	永长1	（第一次十字军东征）
12	1120	保安1	《今昔物语集》约在此时编撰
	1124	天治1	中尊寺金色堂建成
	1167	仁安2	（平清盛任太政大臣）
	1175	承安5	法然创立净土宗
	1185	寿永4	（平家灭亡）
	1192	建久3	（源赖朝任征夷大将军）
	1200	正治2	（朱子去世）

（续表）

世纪	公历	年号	日本文化史史实（括号内为日本史和世界史史实）
13	1203	建仁3	运庆等在东大寺南大门建造金刚力士像
	1205	元久2	《新古今集》完成
	1220	承久2	慈圆著《愚管抄》
	1221	承久3	（承久之乱）
	1224	元仁1	亲鸾著《教行信证》
	1227	安贞1	道元传播曹洞宗
	1232	贞永1	（制定《贞永式目》）
	1264	文永1	日莲创立法华宗
	1279	弘安2	（宋为元所灭）
	1281	弘安4	（弘安之役）
14	1309	延庆2	《春日权现验记绘卷》完成
	1313	正和2	（但丁完成《神曲》的“天堂篇”）
	1334	建武1	（建武中兴）
	1338	延元3	足利尊氏建立幕府
	1356	正平11	二条良基编辑《菟玖波集》
	1384	元中1	观阿弥去世
	1397	应永4	足利义满建造金阁
15	1401	应永8	（足利义满向明朝派遣使者）
	1453	享德2	（东罗马帝国灭亡）
	1467	应仁1	（应仁之乱开始）
	1468	应仁2	（活字印刷术发明者古登堡去世）
	1469	文明1	雪舟从明朝回国
	1477	文明9	（战国时代开始）
	1481	文明13	一休去世
	1488	长享2	一向宗在加贺国发动武装暴动
	1492	明应1	（哥伦布发现美洲）
16	1517	永正14	（马丁·路德投身宗教改革）
	1529	享禄2	（王阳明去世）
	1543	天文12	葡萄牙人进入种子岛输入铁炮
	1549	天文18	沙勿略传播天主教
	1573	元龟4	（织田信长消灭足利幕府）
	1585	天正13	（丰臣秀吉任关白）
	1590	天正18	九州三大名使节从罗马回国
	1591	天正19	千利休去世
	1600	庆长5	（关原之战）
17	1603	庆长8	（德川家康建立江户幕府）
	1616	元和2	（莎士比亚去世）

（续表）

世纪	公历	年号	日本文化史史实（括号内为日本史和世界史史实）
17	1636	宽永 13	日光东照宫建成
	1639	宽永 16	（锁国开始）
	1649	庆安 2	（英国革命，查理一世被处死）
	1661	宽文 1	（清灭明）
	1680	延宝 8	（德川纲吉任将军）
	1681	天和 1	松尾芭蕉开始创作新风格俳谐 此时菱川师宣开始创作浮世绘
	1686	贞享 3	井原西鹤《好色一代女》出版
	1691	元禄 4	林信笃任大学寮长官
	1695	元禄 8	圆空去世
18	1705	宝永 2	伊藤仁斋去世
	1708	宝永 5	关孝和去世
	1716	享保 1	（德川吉宗任将军）
	1720	享保 5	近松门左卫门创作《殉情天纲岛》上演
	1748	宽永 1	《假名手本忠臣藏》上演
	1752	宝历 2	安藤昌益著《自然真营道》
	1762	宝历 12	（卢梭著《社会契约论》）
	1767	明和 4	（田沼意次掌握大权） （这一时期英国发生产业革命）
	1774	安永 3	《解体新书》翻译完成
	1776	安永 5	（美国通过《独立宣言》）
	1779	安永 8	平贺源内去世
	1781	天明 1	（康德著《纯粹理性批判》）
	1789	宽政 1	（法国大革命爆发）
	1790	宽政 2	因宽政异学之禁，朱子学成为官学
	1798	宽政 10	本居宣长完成《古事记传》
19	1804	文化 1	（拿破仑称帝）
	1805	文化 2	喜多川歌麿去世
	1808	文化 5	（歌德《浮士德》第一部出版）
	1809	文化 6	式亭三马《浮世风吕》开始出版
	1813	文化 10	海保青陵著《经济论》
	1814	文化 11	伊能忠敬完成日本地图 泷泽马琴《八犬传》开始出版
	1823	文政 6	西博尔德来日
	1829	文政 12	菅江真澄去世 绘金开始学习绘画
	1833	天保 4	安藤广重《东海道五十三次》出版
	1837	天保 8	（大盐平八郎叛乱）

（续表）

世 纪	公 历	年 号	**日本文化史史实**（括号内为日本史和世界史史实）
19	1839	天保 10	蛮社之狱
	1840	天保 11	（鸦片战争开始）
	1848	嘉永 1	（马克思《共产党宣言》出版）
	1850	嘉永 3	锅岛藩制造反射炉
	1853	嘉永 6	（佩里来浦贺）
	1857	安政 4	蕃书调所设立
	1858	安政 5	（开国）
	1859	安政 6	（达尔文著《物种起源》）
	1860	万延 1	日本使节赴华盛顿

图书在版编目（CIP）数据

日本文化史 /（日）家永三郎著；赵仲明译．—南京：译林出版社，2018.1（2022.9 重印）
ISBN 978-7-5447-6899-3

Ⅰ.①日…　Ⅱ.①家 …②赵…　Ⅲ.①文化史－日本
Ⅳ.① K313.03

中国版本图书馆 CIP 数据核字（2017）第 065044 号

日本文化史　［日］家永三郎／著　赵仲明／译

责任编辑　张远帆
装帧设计　朱赢椿　皇甫珊珊
校　　对　张　萍
责任印制　颜　亮

原文出版　岩波书店，2013
出版发行　译林出版社
地　　址　南京市湖南路 1 号 A 楼
邮　　箱　yilin@yilin.com
网　　址　www.yilin.com
市场热线　025-86633278
排　　版　南京展望文化发展有限公司
印　　刷　江苏凤凰新华印务集团有限公司
开　　本　889 毫米 ×1194 毫米　1/32
印　　张　8.875
插　　页　4
版　　次　2018 年 1 月第 1 版
印　　次　2022 年 9 月第 5 次印刷
书　　号　ISBN 978-7-5447-6899-3
定　　价　48.00 元